教育研究中单一被试设计的

R

语言数据分析

王小慧 ◎ 著

上海教育出版社
SHANGHAI EDUCATIONAL
PUBLISHING HOUSE

序

2019年,《教育部关于加强新时代教育科学研究工作的意见》发布,其中强调了教育科学研究的重要性,并鼓励支持中小学教师增强科研意识,积极参与教育教学研究活动。在教育研究中加强对数据的科学分析,在教师教育中加大科研方法的培训力度,能更好地探寻教育规律,解决实践难题,加快建设教育强国。

《教育研究中单一被试设计的R语言数据分析》一书的出版顺应时代发展的需求,可以助力我国教育研究工作的开展。

单一被试设计本质上是一种实验设计,关注随着测量次数的增加,个体行为发生的变化,有利于从少量的数据中获得丰富的信息。该设计已经广泛应用于特殊教育学、心理学、医学和社会工作等领域。

R语言具有强大的数据分析功能,尤其是近年来出现了适用于单一被试设计的R程序包,如scan、SCDA和SSD for R。同时也出现了一些网页应用程序,可以实现多样化的数据分析。但是国内尚未有著作对此进行系统的介绍。

在实践工作中,许多一线教师在实施教育干预之后,困惑于数据信息的挖掘和使用。本书将单一被试设计、R语言和教育干预研究三者紧密结合起来,是一次首创性的尝试,也是一次有价值的探索。

我认为,本书呈现了以下特点:

一是兼具理论性和应用性。

本书用简明的语言介绍了各种类型的单一被试设计,同时也介绍了统计原理,如效应量、随机化检验、元分析和多水平分析等。书中结合课题组实施的两项干预研究,说明了单一被试数据分析的具体应用。

二是注重前沿性和创新性。

本书介绍的程序包都是最新发布的（2019 年和 2023 年），同时也融入了机器学习等新元素。富有创意的是，书中将程序包的应用分为基础应用、特色应用和拓展应用，论述更具层次性和逻辑性。

三是彰显工具性和实用性。

工欲善其事，必先利其器。以往研究更多地运用 Excel 软件绘制单一被试图，转向 R 程序包的使用后，不仅可以进行视觉分析，还可以计算效应量，并进行复杂的模型分析。本书以单一被试设计中的真实例子对 R 语言数据分析进行了细致的指导说明，读者可以参照本书进行具体操作。

本书的出版具有重要意义。第一，能为单一被试设计的纵深发展提供思考借鉴。本书引入了国外数据分析的新思路，能够拓展和丰富单一被试设计的数据分析方法。第二，能为一线教育工作者提供科研指导和实践引领。

作为小慧的硕士与博士研究生导师，我见证了她在教育数据分析研究中的深入探寻，也欣慰于她取得的成果。因此，我很乐意将此书分享给广大读者。本书适合特殊教育学、心理学、医学、社会工作领域的研究者和工作者阅读，也适合高等院校相关专业的本科生和研究生阅读。

衷心欢迎每一位翻开本书的读者跟随作者的笔触探索单一被试设计的数据分析，运用 R 语言对干预数据进行更深入的挖掘，从而提升教育评估能力和科研能力。我相信，也希望，本书能够得到广大读者的喜爱和推荐。

是为序。

金　瑜

2023 年 11 月 23 日

简　介

　　单一被试设计是美国著名心理学家斯金纳倡导的研究设计，在特殊教育学、心理学、医学和社会工作领域有着广泛的应用。对一名被试或多名被试实施重复测量，通过干预前后的比较，考察干预对个体行为的影响。

　　《教育研究中单一被试设计的 R 语言数据分析》一书综合统计学原理、R 程序包操作和教育干预研究，展示如何科学挖掘数据信息，从而论证教育干预效果。

　　本书具有以下特色：

　　依托真实的干预数据。结合课题组实施的自闭症儿童阅读干预和自闭症青少年社交技能干预研究，对单一被试设计的数据进行详细的分析。

　　探索最新的 R 程序包。主要介绍德国的程序包 scan（2023 年）、比利时的程序包 SCDA（2019 年）和美国的程序包 SSD for R（2023 年），解析它们的共性和独特性，分析各自的优势，并探讨如何综合使用。

　　提供多样化的操作。详细呈现语句操作、菜单操作和网页应用程序操作，并提供结果解读。

　　开展多层次的数据分析。程序包基础应用部分包括数据输入、视觉分析和多种效应量的计算等初阶方法。特色应用部分介绍分段回归分析、随机化检验和假设检验等中阶方法。拓展应用部分包括群体数据分析、多水平分析和元分析等高阶方法。从视觉分析到假设检验，从单一水平分析到多水平分析，由浅入深，由易到难，逐级递进。

目 录 Contents

第三部分　R 程序包的特色应用

第 6 章　分段回归分析（R 程序包 scan）/ 107

第 7 章　随机化检验（R 程序包 SCDA）/ 122

第一部分

单一被试设计与 R 语言

第1章 单一被试设计 |

越来越多的教育研究采用单一被试设计。对一名或者多名被试实施干预,重复测量行为或属性,比较干预前后或者不同干预的结果,从而分析个体是否发生了变化,判断干预是否产生了效果。

美国著名心理学家斯金纳(B.F. Skinner)是单一被试研究设计的倡导者。他认为,用1000小时研究1只动物,比用1小时研究1000只动物更有价值。可见,单一被试设计优于群体设计。1960年默里·西德曼(Murray Sidman)在其著作《科学研究的策略:对心理学实验数据的评价》(*Tactics of Scientific Research: Evaluating Experimental Data in Psychology*)中第一次对单一被试设计进行了学术界定。1968年的《应用行为分析》(*Journal of Applied Behavior Anglysis*)和1970年的《行为治疗》(*Behavior Therapy*)等杂志都发表了一系列单一被试研究的论文,促进了单一被试研究的推广和发展(Aydin, 2023)。

近年来,单一被试设计在方法学上发展迅速。研究者探索和总结了多样化的数据分析方法,研制和发布了功能齐全的数据分析程序,并将其广泛应用于特殊教育学、心理学、医学和社会工作等领域。

本章将分别介绍单一被试设计的含义、研究背景和具体类型,以及视觉分析和统计分析两者之间的关系。

1. 单一被试设计的含义

术语"单一被试设计"(single-case designs)在学术界有很多变式,如"单一被试研究设计"(single-case research designs)、"单一被试实验设计"(single-case experimental designs)、"n=1试验"(n-of-1 randomized controlled trials/n-of-1 trials)和"单一系统设计"(single system design)。早期研究中,"single-subject designs"(单一被试设计)的使用频率较高,现在逐渐被

"single-case designs" 替代。这一实验设计主要具有两个特征：特征一，需要随着时间变化持续实施测量或评估；特征二，需要对同一个体重复验证干预效果（Kazdin, 2021）。

单一被试设计本质上是一种实验设计，确定自变量和因变量，并探寻两者之间的关系。但是它不同于传统的实验设计。传统实验设计是一种群体实验设计，比较实验组和对照组之间的差异。而单一被试设计关注个体的行为或属性随着测量次数的变化而发生的变化，也就是个体与自己作比较。单一被试设计的研究对象可以是一个个体，也可以是多个个体，分析的基本单元是"个体"。

单一被试设计的实施通常包括三个步骤。第一步，记录个体现有的行为；第二步，引入干预并测量其对行为的影响；第三步，重复实施干预，从而验证干预对行为的影响。单一被试设计数据分析的核心就是论证干预效果。

下面介绍一项关于自闭症儿童的阅读干预研究。

采用单一被试设计中的 ABA 设计，以在特殊教育学校六年级就读的 2 名自闭症儿童为研究对象，运用图形组织者教学策略作为干预策略，设计实验方案，借助电子绘本故事作为教学材料和测验材料，从表层文意理解、深层文意理解及故事叙述能力三个角度来综合考察 2 名被试的阅读理解能力，即通过自编的选择式阅读理解测验和问答式故事性阅读理解测验持续评估 2 名被试在基线期、干预期及维持期的阅读理解能力，以验证图形组织者教学策略用于提升自闭症儿童阅读理解能力的有效性。在基线期与维持期分别收集 2 名被试 2 份测验的 6 个数据点资料，在干预期分别收集 2 名被试 2 份测验的 12 个数据点资料，并在干预期对 2 名被试分别进行 12 次图形组织者教学策略指导下的阅读理解教学（王佳慧, 2022）。

在干预期实施了图形组织者教学策略，基线期和维持期没有实施干预。通过基线期和干预期的比较，可以分析阅读干预的效果。后文将以该研究的数据为例介绍 R 程序包的使用。

2. 单一被试设计的研究背景

我们身处大数据时代，是否依然需要使用单一被试设计？这是一个值得深思的问题。2015 年 4 月 17 日，利兹大学的斯蒂芬·莫利（Stephen Morley）在英国行为与认知心理治疗协会的工作坊发表了题为《单一被试研究：大数据的解药》（Single Case Research: the Antidote to Big Data）的演讲。大数据存在一些不能解决的问题，这就需要发挥单一被试设计的独特作用。

群体实验设计关注研究对象的平均水平，忽视了个体的独特信息。研究获得的结论并不适用于单一的个体。比如,新药研制者关注患者群体的平均疗效,而患者个体及其家庭则更多地关心指向个体的疗效。特殊儿童个体差异性很大,自闭症儿童尤为明显。因此,研究中需要更多地关注个体的干预成效。

在教育研究中,有时会因为研究对象数量不多,无法开展大规模的研究。比如,有些障碍类别的发生率不高,所以无法实施包含实验组和控制组的随机对照研究。

即便有足够的研究对象,可以开展大规模研究,在研究初期也可以采用单一被试设计进行预研究。根据研究结果调整研究方案,保证后期研究的顺利进行,这样做不仅能节约研究成本,还能提高研究效率。

当然,也有研究仅仅聚焦于个体。比如随班就读的自闭症儿童在课堂上出现哭叫的问题行为,教师试图对该儿童实施干预,并不需要将干预方法推广到其他儿童。这时可以采用单一被试设计实施教育干预。

单一被试设计有着自身的优势和适用情境,这是群体实验设计无法比拟、无法超越的。在实际应用中,可以运用元分析综合多个单一被试设计的研究结果,从而更加充分地论证干预的实施效果。

在实际应用中,存在两种不同的观点。一种观点认为,单一被试设计适用于具有同质性的研究对象(Heyvaert & Onghena, 2014),不是关注被试间的变异,而是关注被试内的变异。另一种观点认为,单一被试设计适用于具有异质性的研究对象(Rvachew & Matthews, 2017),如前文所说,研究分析平均水平没有意义。这两种观点一种侧重于差异量的分析,一种侧重于集中量的分析,都有其合理性。其实,研究对象无论是同质的还是异质的,都可以使用单一被试设计模式。

有研究者提出,"少即多"(less is more),心理学家可以通过研究少量的被试获取更多的信息(Normand, 2016)。小小的数据,蕴含着丰厚的宝藏,彰显出单一被试设计的独特魅力。

3. 单一被试设计的类型

单一被试设计类型多样,主要包括撤回设计(ABA设计和ABAB设计)、多基线设计、交替处理设计和逐变标准设计等。

3.1 撤回设计

撤回设计是一种重复测量的实验设计,实施干预处理之后再撤回干预处理,通过对比分析考察干预的效果。通常先记录基线期的数据,然后实施干预并记录干预期的数据,最后不实施干预并记录维持期的数据。撤回次数可以是一次或多次。与撤回设计相似,如果去除干预处理,因变量的结果返回到基线期水平，则称为倒返设计。

在介绍撤回设计（ABA 设计和 ABAB 设计）之前，先分析最简单的 AB 设计。AB 设计也称中断时间序列设计（interrupted time-series design），它是只有基线期（A）和干预期（B）的设计。这时并没有撤回干预处理。有的研究者将其看作准实验设计。从图 1-1 可以看出，对自闭症儿童实施阅读干预，AB 设计先在基线期测量了 6 次，然后在干预期测量了 12 次。通过干预期和基线期的比较可以分析干预的效果。自闭症儿童在干预期阅读分数的提高可能是由于干预的作用，也可能是由于自然成熟或其他因素的作用。

【data】studyawab.csv （SCDA）

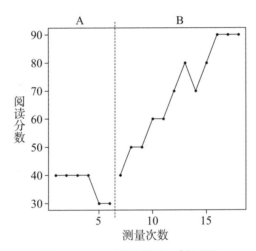

图 1-1　AB 设计的单一被试图

3.1.1　ABA 设计

ABA 设计是包含基线期（A）、干预期（B）和维持期（A）的设计。在 AB 设计的基础上，收集维持期的测量数据，撤除干预处理后，考察个体发生的变化。这时可以进行多样化的比较，考察基线期与干预期、干预期与维持期、维持期与基线期的差异。从图 1-2 可以看出，对自闭症儿童实施阅读干预，ABA 设计先在基线期测量了 6 次，然后在干预期测量了 12 次，最后在维持期测量了 6 次。撤除干预处理后，阅读分数依然保持比较高的水平。通常，一些习得性的技能不太可能会降低到基线期水平。当然在有些研究中，维持期也有可能会恢复到基线期水平。

【data】studyaw.csv（SCDA）

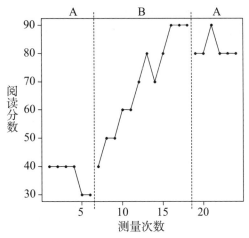

图 1-2 ABA 设计的单一被试图

3.1.2 ABAB 设计

ABAB 设计是包含两个基线期（A）和两个干预期（B）的设计。很多教育干预研究采用这一设计。它的优势在于重复实施干预，从而进一步确认干预效果。考察干预效果时，可以对基线期与干预期进行两次比较，也可以先分别合并基线期和干预期的数据，再进行一次比较。从图 1-3 可以看出，对自闭症儿童实施阅读干预，ABAB 设计先在基线期测量了 6 次，然后在干预期测量了 12 次，随后在维持期测量了 6 次，最后在第二个干预期测量了 12 次。

【data】studyaw3.csv（SCDA）

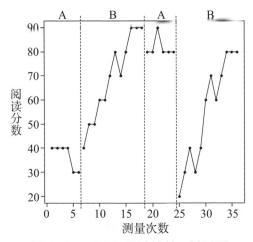

图 1-3 ABAB 设计的单一被试图

3.2　多基线设计

多基线设计也是一种比较常见的设计类型，实施干预的起点不同，类似于长跑比赛各个跑道的起点交错排列。多基线设计可分为三种类型，即跨被试的多基线设计、跨行为的多基线设计和跨情境的多基线设计。跨被试的多基线设计是对多名被试实施 AB 设计或 ABAB 设计。从图 1-4 可以看出，对自闭症儿童实施阅读干预，3 名儿童参与研究，但是干预的起始时间并不相同。跨行为的多基线设计是对不同的行为进行干预。比如，因变量可以是不同学科的学业成绩。跨情境的多基线设计是在不同情境中实施干预。比如，研究儿童在学校、家庭和社区中的社会交往行为等。

【data】MBD.csv（SCDA）

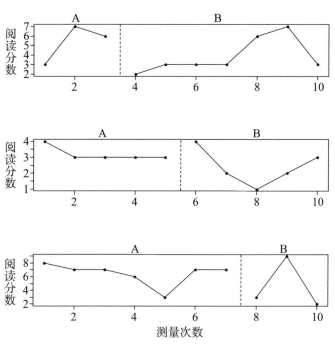

图 1-4　跨被试多基线设计的单一被试图

3.3　交替处理设计

交替处理设计是对单一目标行为交替实施几种不同的干预处理，考察不同处理的效果。这种设计又可以分为两类，即无基线期的交替处理设计和有基线期的交替处理设计。对自闭症儿童实施问题行为干预，交替实施两种干预方法（方法 A 和方法 B），这是一种无基线期的交替处理设计（见图 1-5）。

 （SCDA）

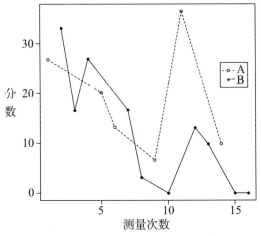

图 1-5 交替处理设计的单一被试图

3.4 逐变标准设计

逐变标准设计通常将干预期分成亚阶段,适用于可以逐渐改变的行为。这种改变可以表现为逐渐提高,例如,要求学生在 1 小时内完成 15 道数学应用题。逐步改变标准:完成 6 道应用题→完成 9 道应用题→完成 12 道应用题→完成 15 道应用题。前一阶段成了后一阶段的基线期。改变也可以表现为逐渐降低,从图 1-6 可以看出,对自闭症儿童实施问题行为干预,问题行为的发生频数是逐渐减少的。

【data】CCD.txt

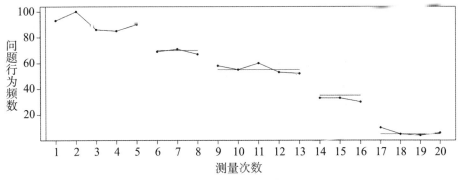

图 1-6 逐变标准设计的单一被试图

教育干预研究中比较常见的是撤回设计和多基线设计。在实际应用中，也可以混合使用这些设计类型，从而形成更加复杂的设计。

在设计单一被试研究时需要考虑设计类型，在数据分析过程中同样需要加以关注。建立数据文件时，不同类型的设计有不同的格式要求。以 R 程序包 SCDA 为例，ABAB 设计与多基线设计的数据结构完全不同，并且进行视觉分析和统计分析的第一个步骤就是确定研究的设计类型。

4. 单一被试设计的视觉分析与统计分析

单一被试设计的数据分析方法可以分为视觉分析和统计分析。视觉分析主要是借助视觉化的图形，通过阶段内的数据来分析每一阶段的水平、趋势和变异情况，通过阶段间数据的比较来判断干预的效果。而统计分析主要是进行量化的分析，通过分析效应量、斜率和水平的改变等来检验干预的效果。

在单一被试设计发展初期，其数据分析方法主要是视觉分析。1987 年斯克鲁格斯（Scruggs）等人提出了第一个非重叠效应量 PND（Scruggs, Mastropieri, & Casto, 1987）。随着研究方法的发展，各种效应量指标应运而生，这些效应量可以作为干预效果的量化指标。有研究者总结了 12 种效应量（Yucesoy-Ozkan, Rakap, & Gulboy, 2020）。图 1-7 呈现了常见效应量的名称。具体的计算将在第 3 章、第 4 章和第 5 章进行详细介绍。每种效应量都有其优势与局限性，因此在实际使用时可以综合报告多种效应量的计算结果（Brossart, Vannest, Davis, & Patience, 2014）。国内研究者使用较多的效应量是 Tau-U。从类型上看，效应量可以分为标准化的平均数之差、非重叠效应量和基于回归分析的效应量（即干预期的值与基线期回归线估计值的差，这个值会随着时间的变化而变化）。除了效应量，还可以采用分段回归分析、多水平分析等方法检验干预的效果，探讨自变量对因变量的影响。

图 1-7　常见的效应量（来源：Pustejovsky, 2022）

单一被试设计的数据分析研究主要涉及视觉分析与统计分析的一致性比较。首先，在进行视觉分析时，一般由专业人员根据选定的图形判定干预是否有效；在进行统计分析时，则按照临界值将统计分析的效应量区分为有效或无效。然后，考察视觉分析与统计分析的一致性。沃利（Wolery）等人对 121 个图形进行研究，计算出四种效应量，发现判断的错误率达到了 13.2% ~ 22.3%，表明视觉分析与统计分析之间存在不一致性（Wolery，Busick，Reichow，& Barton，2010）。对于多基线设计，效应量 IRD 和 BC-SMD 与视觉分析有着最强的一致性（Wolfe，Dickenson，Miller，& McGrath，2019）。研究者提出了不同的效应量临界值。有的研究者认为 Tau-U 为 0.2，其他效应量为 0.5（Yucesoy-Ozkan et al.，2020）。也有的研究者提出统一的临界值为 0.7（Wolery et al.，2010）。临界值的不同可能会影响一致性研究的结果。

研究者对于视觉分析和统计分析在单一被试设计中的地位没有达成共识。有的认为视觉分析是最主要的分析方法，有的认为统计分析占据主要地位，也有的提出应综合使用视觉分析和统计分析（Cohen，Feinstein，Masuda，& Vowles，2014）。比如，可以结合视觉分析来解释效应量（Vannest & Ninci，2015）。

单一被试研究中长期存在的争论就是：视觉分析、统计分析或两者的结合，何者可以更好地考察干预的效果。现有的实际研究更偏重视觉分析，忽视了对统计分析的关注。其实两者都很重要，前者可以提供直观而形象的信息，后者可以提供量化的信息，弥补图形判断的主观性。有研究者提出了适合使用统计分析的四种情况：基线期数据不稳定，或者呈现与干预期数据同方向的趋势；干预效果虽然比较小，但是很重要；干预受到外部变量的影响，但是又属于不能控制的变量，可以用统计方法加以处理；对多个研究进行元分析时，对效应量进行综合分析（Cohen et al.，2014）。当然，统计分析也处在一个不断发展的过程中，需要解决效应量的标准化、多水平分析与元分析的结合等问题。

无论是视觉分析还是统计分析，都需要借助统计工具。起初，单一被试设计的视觉分析需要通过 Excel 绘制相关图形，但现在很多分析工具都可以直接绘制高质量的图形，同时也可以进行效应量的计算、显著性检验和分段回归分析等。具体来说，当前主要有三种类型的分析工具。第一种是网络计算器或网页应用程序，在网页输入数据可以直接绘制图形或者计算效应量。它操作便捷，但是不能更改坐标轴的名称或进行个性化的设置。单一被试效应量计算器（single-case effect size calculator）的特色在于，它详细介绍了效应量的参数定义及公式（Pustejovsky，Chen，& Swan，2021）。单一被试研究网站和网页应用程序 scdhlm 也可以进行相应的统计分析（Vannest，Parker，Gonen，& Adiguzel，2016；Pustejovsky，Chen，& Hamilton，2021）。第二种是商业软件的插件，如

SPSS 的插件 DHPS（Marso & Shadish，2015），它可以计算单一被试设计的标准化的平均数之差，类似于群组间设计的效应量。第三种是 R 语言的程序包，如 scan、SCDA 和 SSD for R。

下一章将主要介绍 R 语言和相应的程序包。

第 2 章　R 语言和数据实例

单一被试设计的数据分析离不开统计软件。有研究者提出，希望未来能出现界面友好的分析软件，能够进行数据分析，能够制作高质量的图，并且最好是免费的（Shadish，2014）。时至今日，随着 R 语言的发展，出现了适用于单一被试设计的程序包和网页应用程序，推动了单一被试研究的发展。

1.　R 语言简介

R 语言是一种可进行统计计算和绘图的语言（Kabacoff，2022）。1993 年发源于新西兰的奥克兰大学，这里也成了 R 语言的故乡。编写者乔治·罗斯·伊哈卡（George Ross Ihaka）和罗伯特·杰特曼（Robert Gentleman）的名字首字母都有 R，R 语言由此而得名。R 语言最大的特色在于免费和开源，这也促进了它的推广和发展。在保护知识产权的大环境下，开发和利用 R 语言对我国统计事业的发展有着非常重大的现实意义（王斌会，2014）。

实际应用 R 语言时，可以依托程序包实现数据分析和可视化分析。程序包按照一定格式将 R 函数、数据和代码集合在一起。一些程序包是 R 语言自带的，如 base、datasets 和 stats 等。另外一些程序包在使用时，需要先完成安装和调用等操作。截至 2023 年 7 月 7 日，共有 19623 个 R 程序包。

R 程序包可以组合起来发挥更大的作用。例如，tidyverse 程序包就是一系列程序包的合集（见图 2-1）。对于单一被试设计而言，SCDA 程序包就是由 SCVA 程序包、SCRT 程序包和 SCMA 程序包组合起来的。

图 2-1　tidyverse 程序包中的部分程序包

　　R 语言具有强大的帮助功能。输入问号加上函数，就可以找到答案。查找帮助文件的过程，也是一个学习和探索的过程。另外，很多程序包的编写者都在 Github 网页开设了专门的讨论区，不仅增进了编写者和使用者之间的交流，也促进了知识的共享和传播。

　　R 语言具有交互性。输出部分会提示出现的错误，还可以调用前面运行的语句。修改语句或参数，可以看到直观的变化。是否需要学习代码，这一问题类似于学统计是否需要了解公式。其实公式能帮助我们深入掌握统计概念和原理。比如根据公式，就可以知道标准差受样本容量和平均数的影响。同样，了解代码有助于学习新的统计知识，加深对原理的理解。如 scan 程序包中的 Hedges' g durlak correction，对笔者来说是一个全新的概念。该程序包的编写者于尔根·维尔贝特（Jürgen Wilbert）热情地提供了语句代码，立刻解答了学习者的困惑。所以，通过语句可以学习更多的统计知识。

　　程序包编写者有时在表达同一概念时使用了不同的术语，或者使用同一术语表达不一样的概念。效应量 Hedges' g 和 Tau-U 就是两个比较复杂的概念，有多种计算方法。统计本身确实比较复杂，公式多，校正公式也多。曾经有人开玩笑说，咨询两名医生，会得到两个结论，如果咨询两名统计学家，可能会得到三个结论。面对这样的复杂情况，了解统计原理和术语背后的内涵显得尤为重要。

　　每个程序包都有各自的特色，使用者可以根据研究目的和数据分析的要求，结合个人偏好等作出选择。如果对程序包的学习和使用到达了一定的境界，就能够综合使用多种程序包，最大限度地发挥 R 语言的数据分析功能。

2. R 程序包的安装与搜索

编写本书时，使用的 R 版本是 R 4.2.3（2023-03-15）。从 R 官方网站可以获取各版本的安装软件。

R 官方网站列出了三种查找方式：按照发布日期排序，按照程序包的名称排序，以及按照任务主题类型排序。其中名称排序使用得比较多，可以根据名称找到具体的程序包。

查找已经加载并可以使用的程序包时，可以输入函数 "search()"。两次运行之间调用 R 程序包 scan，可以发现第一次运行结果显示有 9 个 R 自带的程序包。因为增加了程序包 scan，所以第二次显示有 10 个程序包。

search()	输入语句
[1] ".GlobalEnv"　　"package:stats"	［运行结果］
"package:graphics"	列出了 9 个 R 程序包
[4] "package:grDevices" "package:utils"	
"package:datasets"	
[7] "package:methods"　"Autoloads"	
"package:base"	
library(scan)	输入语句
[34mscan 0.57 (2023-02-24)	调用 R 程序包 scan（若
[31mFor information on citing scan, type	已安装）
citation("scan").	
search()	输入语句
[1] ".GlobalEnv"　　"package:scan"	［运行结果］
"package:stats"	列出了 10 个 R 程序包
[4] "package:graphics" "package:grDevices"	（增加了 1 个 R 程序包）
"package:utils"	
[7] "package:datasets" "package:methods"	
"Autoloads"	
[10] "package:base"	

除了程序包，R 官方网站还提供了多种语言（英语、汉语和其他语言）的学习资料。根据分众理论满足读者多样化的阅读需求，还区分了超过 100 页和低于 100 页的资料。

进入 R 官方网站的搜索界面可以获取指导手册及帮助信息等（见图 2-2）。

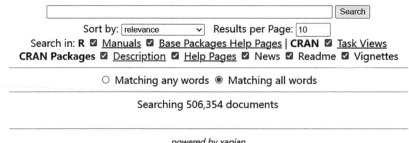

图 2-2　R 官方网站的搜索界面

3. 单一被试设计的 R 程序包

随着单一被试设计研究的发展，也出现了相应的 R 程序包。当前主要有三款发展比较成熟的程序包，即 scan、SCDA 和 SSD for R。

scan 程序包的英文全称是 "Single-Case Data Analysis for Single and Multiple Baseline Designs"，版本为 0.57，于 2023 年 2 月 24 日发布（Wilbert & Lueke，2023）。scan 也是 single case analysis 的缩写。编写者是德国波茨坦大学的于尔根·维尔贝特。

SCDA 程序包的英文全称是 "Rcmdr Plugin for Designing and Analyzing Single-Case Experiments"，版本为 1.2.0，于 2019 年 7 月 24 日发布（Bulté & Onghena，2019）。编写者是比利时鲁汶大学的伊西斯·比尔泰（Isis Bulté）和帕特里克·奥根拉（Patrick Onghena）。该程序包中又包含三个 R 程序包：（1）SCVA（single case visual analysis），主要用于视觉分析；（2）SCRT（single case randomization tests），主要用于随机化检验；（3）SCMA（single case meta-analysis），主要用于元分析（Bulté & Onghena，2013）。SCDA 程序包通过 R Commander 界面实现，既可以进行视窗菜单操作，也可以进行语句操作。SCDA 还有专门的网页应用程序，即 Shiny SCDA（2.8 版本），它具有更强大的视窗操作功能。

SSD for R 程序包的英文全称是 "Single System Data for R"，版本为 1.5.19，于 2023 年 2 月 17 日发布，主要应用于社会工作领域（Auerbach & Zeitlin，

2023）。编写者是美国叶史瓦大学的查尔斯·奥尔巴克（Charles Auerbach）和温迪·蔡特林（Wendy Zeitlin）。该程序包的特色在于，在语句运行之后，会提供一些命令语句的提示，以减轻使用者的记忆负担。另外，该程序包具有较高的互动性，它会询问使用者是否保留绘制的线条或数据等。

运用这些程序包，可以实现对单一被试设计的数据分析。程序包的应用可细分为三个层次，即基础应用、特色应用和拓展应用。R 程序包的基础应用涉及第 3 章、第 4 章和第 5 章，探讨 R 程序包 scan、SCDA 和 SSD for R 的操作，具体包括安装与调用、数据输入、视觉分析和效应量计算等初阶方法。R 程序包的特色应用涉及第 6 章、第 7 章和第 8 章，分别论述各程序包的特有功能，即分段回归分析、随机化检验和假设检验等中阶方法。R 程序包的拓展应用涉及第 9 章、第 10 章、第 11 章和第 12 章，包括群体数据分析、多水平分析、元分析和机器学习等高阶方法。

4.　教育研究中的数据实例

单一被试设计数据分析使用的数据主要来自两项教育研究。其中，一项研究对 2 名自闭症儿童进行了阅读干预（王佳慧，2022），设计类型为 ABA 设计。另一项研究在职业教育情境中对 11 名自闭症青少年进行了社交技能干预（王小慧，2022），设计类型为 AB 设计。还有一些数据来自教育研究文献，设计类型包括 ABAB 设计、多基线设计和交替处理设计等。

4.1　自闭症儿童阅读干预数据

"自闭症儿童阅读干预研究"项目采用单一被试设计中的 ABA 设计，对 2 名自闭症儿童进行了阅读干预。采用自编阅读理解测验测量儿童的阅读理解能力。干预前收集基线期数据 6 次，干预期收集数据 12 次，维持期收集数据 6 次。

被试 W 是一名男生，13 岁，在 8 岁 9 个月时被诊断为自闭症。就读于某特殊教育学校六年级，智商为 58。

被试 T 也是一名男生，11 岁，就读于某特殊教育学校六年级，智商为 45。

运用 R 程序包 lattice，绘制干预数据图（见图 2-3）。灰色线条表示被试 W，黑色线条表示被试 T。

【data】studya.csv

```
library(lattice)
setwd("C:/Users/xhwan/Documents/ 书稿数据 ")
a <- read.csv("studya.csv")
```

```
xyplot(values~mt,type=c("p","l"),group=case,data=a,xlab=" 测量次数 ",ylab="
    阅读能力 ",auto.key=list(corner=c(1,0)),
    panel=function(x,y,...)
        {
            pancl.xyplot(x,y,...)
            panel.abline(v=c(6.5,18.5),
            lwd=0.01,lty="dotted")
        }
    )
```

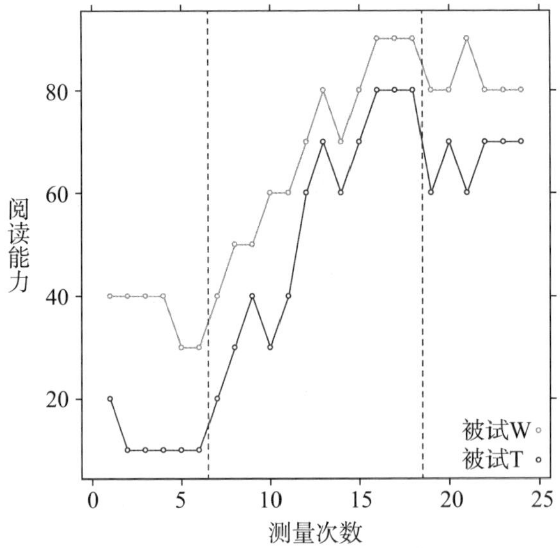

图 2-3 2 名自闭症儿童阅读干预数据

在 R 程序包的基础应用和特色应用部分，运用此数据探索如何使用 scan、SCDA 和 SSD for R 进行视觉分析、效应量计算、分段回归分析、随机化检验和假设检验等。

4.2 自闭症青少年社交技能干预数据

"自闭症青少年社交技能研究"项目采用单一被试 AB 设计，在干预前收集基线期数据 4 次。在干预过程中，每次干预都收集数据。原计划是 4 个主题，8 次干预，后来由于教学日程安排的变动，对干预计划进行了调整。在研究点 1，实施了 4 个主题（合作、寻求帮助、交谈和交友）的 5 次干预。在研究点 2 和 3，实施了 2 个主题（合作和寻求帮助）的 4 次干预。采用魏寿洪编制的《自闭症谱系障碍儿童社交技能评定量表》测量因变量（魏寿洪，2017）。

研究对象的基本信息见表 2-1。

表 2-1　自闭症青少年的基本信息

研究点	被试	编号	年龄	年级	职业课程	基线期数据点	干预期数据点
1	1	1.1	17	高一	面点	4	5
1	2	1.2	15	高一	面点	4	5
1	3	1.3	18	高三	烹饪	4	5
1	4	1.4	17	高三	烹饪和园艺	4	5
1	5	1.5	18	高四	家政和烹饪	4	5
2	6	2.1	17	高二	面塑	4	4
2	7	2.2	15	高一	制衣	4	4
2	8	2.3	15	高一	园艺	4	4
2	9	2.4	18	高三	服务礼仪和创意插花	4	4
3	10	3.1	16	高二	校园保洁	4	4
3	11	3.2	17	高二	校园保洁	4	4

运用 R 程序包 lattice，绘制干预数据图。

设定 layout=c（3，1），将面板的布局调整为一行三列（见图 2-4），数据和语句如下。

【data】group.csv

```
b <- read.csv("group.csv")
xyplot(Y~Time|factor(Spot),type=c("p","l"),group=Case,data=b,
    xlab=" 测量次数 ",ylab=" 社交技能 ", layout=c(3, 1),
    auto.key=list(corner=c(1,0)) ,
    panel=function(x,y,...)
  {
        panel.xyplot(x,y,...)
        panel.abline(v=4.5,
        lwd=0.01,lty="dotted")
  }
  )
```

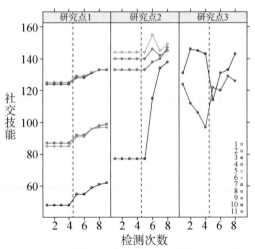

图2-4　3个研究点11名自闭症青少年社交技能干预数据（布局为 1*3）

设定 layout=c（2，2），将面板的布局调整为两行两列（见图2-5），语句如下。

```
xyplot(Y~Time|factor(Spot),type=c("p","l"),group=Case,data=b,
    xlab=" 测量次数 ",ylab=" 社交技能 ", layout=c(2, 2),
    auto.key=list(corner=c(1,0)) ,
    panel=function(x,y,...)
    {
        panel.xyplot(x,y,...)
        panel.abline(v=4.5,
        lwd=0.01,lty="dotted")
    }
)
```

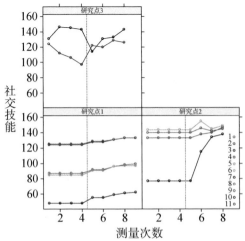

图2-5　3个研究点11名自闭症青少年社交技能干预数据（布局为 2*2）

在 R 程序包的拓展应用部分，将运用此数据探索如何进行群体分析、多水平分析和元分析等数据分析。

本章主要介绍了两项教育研究的数据。值得注意的是，数据格式会受到 R 程序包和设计类型的影响。对于同一研究的数据，不同的 R 程序包会有不同的数据格式要求。比如，对于 ABA 设计，程序包 scan 用 A、B、C 表示基线期、干预期和维持期，而程序包 SCDA 用 A1、B1、A2 表示这三个阶段。对于同一 R 程序包，不同的设计类型也会有不同的格式要求。数据格式的不同主要体现在变量名称、阶段变量的识别符号及变量顺序是否可以变化等方面。后文讲解具体操作时，将会呈现每个数据文件的样例。

第二部分

R 程序包的基础应用

第 3 章　R 程序包 scan 的基础应用 |

　　R 程序包 scan 主要通过语句操作分析单一被试设计的数据。在基础应用部分主要介绍程序包的安装与调用、数据输入、视觉分析和效应量计算。scan 的特色在于可以提供多种多样的效应量，甚至同一个效应量如 Tau-U，也具有多种计算方法。

1.　安装与调用

　　安装和调用 R 程序包 scan 的语句如下。

install.packages("scan")

library(scan)

citation("scan")

To cite scan in publications use:

Wilbert, J. & Lüke, T. (2023). Scan: Single
Case Data Analyses for
Single and Multiple Baseline Designs. (0.56)
[English]. CRAN.

［运行结果］

显示参考文献如何引用程序包 scan

2.　数据输入

　　数据输入有两种途径：可以从外部文件读入，也可以通过语句直接输入。以笔者的经验来看，建议采用前者。

2.1 从外部文件读入

导入的数据文件可以有很多种类型，如 SPSS 的 ".sav" 文件、".txt"（文本）文件、".xlsx"（Excel）文件和用逗号进行分隔的 ".csv" 文件。这里主要以 .csv 文件为例说明如何读入外部文件。

R 程序包 scan 读入外部数据文件有两种方法。第一种，先设定当前目录，也就是文件所在的目录。然后运用函数 readSC() 或函数 read_scdf() 读入 .csv 文件。

【data】studya.csv

数据样例见图 3-1。

	A	B	C	D
1	case	phase	values	mt
2	W	A	40	1
3	W	A	40	2
4	W	A	40	3
5	W	A	40	4
6	W	A	30	5
7	W	A	30	6
8	W	B	40	7
9	W	B	50	8
10	W	B	50	9
11	W	B	60	10
12	W	B	60	11
13	W	B	70	12
14	W	B	80	13
15	W	B	70	14
16	W	B	80	15
17	W	B	90	16
18	W	B	90	17
19	W	B	90	18
20	W	C	80	19
21	W	C	80	20
22	W	C	90	21

图 3-1 studya.csv 数据样例

setwd("c:/Users/xhwan/Documents/ 书稿数据 ")

study <- readSC("studya.csv")

或 study <- read_scdf("studya.csv")

第二种，不需要设定当前目录，直接输入语句，按下回车键后出现窗口，可以选择需要读入的数据文件。

study <- readSC()

运用以下三个语句可以展示数据文件的内容或数据文件的结构。（1）直接输入 "study" 或 "print(study)"，可以显示数据的部分信息。（2）输入 "summary(study)"，可以显示被试的名称（W 和 T）、测量次数（24 次）、单一被试的设计类型（A-B-C），另外还可以显示所有变量的名称，其中有因变量、阶段变量和测量次数变量。（3）输入 "str(study)"，可以显示数据文件的结构。

study									输入语句
或 print(study)									
#A single-case data frame with 2 cases									
W: phase values mt mood | T: phase values mt mood |									

A	40	1	14 |	A	20	1	14 |	［运行结果］
A	40	2	35 |	A	10	2	35 |	展示了被试 W 和被试 T
A	40	3	16 |	A	10	3	16 |	的信息（共 15 行，另有 9
A	40	4	19 |	A	10	4	19 |	行未显示）
A	30	5	6 |	A	10	5	6 |	
A	30	6	10 |	A	10	6	10 |	
B	40	7	20 |	B	20	7	20 |	
B	50	8	34 |	B	30	8	34 |	
B	50	9	56 |	B	40	9	56 |	
B	60	10	23 |	B	30	10	23 |	
B	60	11	78 |	B	40	11	78 |	
B	70	12	89 |	B	60	12	89 |	
B	80	13	90 |	B	70	13	90 |	
B	70	14	80 |	B	60	14	80 |	
B	80	15	86 |	B	70	15	86 |	

... up to 9 more rows

summary(study)	输入语句
#A single-case data frame with 2 cases	

Measurements Design

W	24	A-B-C
T	24	A-B-C

［运行结果］
被试 W 和被试 T 的测量次数都是 24 次，单一被试设计类型均为 A-B-C

Variable names:

values <dependent variable>

phase <phase variable>

mt <measurement-time variable>

mood

最后呈现了变量名称

str(study)
 	
List of 2
 $ W:'data.frame':   24 obs. of 4 variables:
  ..$ phase : Factor w/ 3 levels "A","B","C": 1 1
1 1 1 1 2 2 2 2 ...
  ..$ values: int [1:24] 40 40 40 40 30 30 40 50
50 60 ...
  ..$ mt   : int [1:24] 1 2 3 4 5 6 7 8 9 10 ...
  ..$ mood : int [1:24] 14 35 16 19 6 10 20 34
56 23 ...
 $ T:'data.frame':   24 obs. of 4 variables:
  ..$ phase : Factor w/ 3 levels "A","B","C": 1 1
1 1 1 1 2 2 2 2 ...
  ..$ values: int [1:24] 20 10 10 10 10 10 20 30
40 30 ...
  ..$ mt   : int [1:24] 1 2 3 4 5 6 7 8 9 10 ...
  ..$ mood : int [1:24] 14 35 16 19 6 10 20 34
56 23 ...
 - attr(*, "class")= chr [1:2] "scdf" "list"
 - attr(*, "scdf")=List of 3
  ..$ var.phase : chr "phase"
  ..$ var.values: chr "values"
  ..$ var.mt   : chr "mt"
	输入语句
	
	〔运行结果〕
	展示了被试 W 和被试 T
	的数据结构

2.2   scan 语句直接输入数据

R 程序包 scan 可以直接输入数据，语句如下。

```
case1 <- scdf(
 c(A = 40, 40, 40, 40, 30, 30,
   B = 40, 50, 50, 60, 60, 70, 80, 70, 80, 90, 90, 90,
   C = 80, 80, 90, 80, 80, 80),
  name = " 被试 W")
case2 <- scdf(
 c(A = 20, 10, 10, 10, 10, 10,
   B = 20, 30, 40, 30, 40, 60, 70, 60, 70, 80, 80, 80,
```

```
  C = 60, 70, 60, 70, 70, 70),
 name = " 被试 T")
study <- c(case1, case2)
```

输入 "study" 和输入 "summary(study)" 的结果与前面完全一样。

```
study
或 print(study)
#A single-case data frame with 2 cases
```

被试 W: values mt phase			被试 T: values mt phase		
40	1	A		20	1	A	
40	2	A		10	2	A	
40	3	A		10	3	A	
40	4	A		10	4	A	
30	5	A		10	5	A	
30	6	A		10	6	A	
40	7	B		20	7	B	
50	8	B		30	8	B	
50	9	B		40	9	B	
60	10	B		30	10	B	
60	11	B		40	11	B	
70	12	B		60	12	B	
80	13	B		70	13	B	
70	14	B		60	14	B	
80	15	B		70	15	B	

```
# ... up to 9 more rows
summary(study)
#A single-case data frame with 2 cases
```

　　Measurements Design
被试 W　　　　24 A-B-C
被试 T　　　　24 A-B-C

Variable names:

values <dependent variable>

phase <phase variable>

mt <measurement-time variable>

R 语言中可以运行 "sink()", 将运行的结果定向保存到当前目录的 .txt 文件中。R 控制台就不出现结果。定向的优势在于复制的结果信息会比较整齐。

sink("a") # 将后面的运行结果定向到 "a.txt" 文件

summary(study)

study

sink() # 结束定向

无论是从外部文件读入还是用 scan 语句直接输入，都可以达到同样的效果。使用者可以根据自己的习惯和偏好进行选择。一般而言，如果数据比较多，也就是被试的数量、阶段数量和测量次数比较多的时候，建议保存为 .csv 文件。这样也便于日后重复使用。

不同的程序包对输入数据的格式有不同的要求。不同的设计类型、变量顺序是否固定、阶段的识别符号等，这些都是创建数据文件时需要关注的。当然，有的程序会提供数据样例，为使用者带来极大的便利。比如，Shiny SCDA 软件在帮助文件中提供了各种类型设计的数据样例，马诺洛夫（Manolov）编写的网页应用程序也列出了数据样例。读者可以参考本书配套的数据，进一步了解各个程序包的数据格式。

3. 视觉分析

对于输入的数据，可以用图形的方式进行呈现，从而直观地显示因变量随着时间的变化而变化的状态。视觉分析广泛应用于单一被试设计。

视觉分析的特点就是直观——一图胜过千言万语。数据的可视化分析，已成为当前统计分析的一个发展趋向。图形是艺术和科学的完美结合，进行数据分析的同时还带来了美学享受。视觉分析还可以帮助使用者判断数据文件的调取是否正确，数据输入是否正确，以及是否有缺失值或异常值，等等。但不可否认的是，人们对图形的解读具有较强的主观性。

3.1 原图

原图是最简单的绘图（见图 3-2），语句如下。

plot(study)

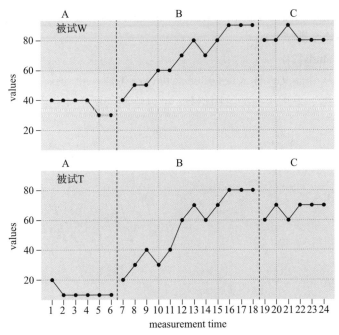

图 3-2　2 名自闭症儿童阅读干预的单一被试图

绘图时也可以改变图形的颜色和背景（见图 3-3），语句如下。

plot(study，style = "sienna")

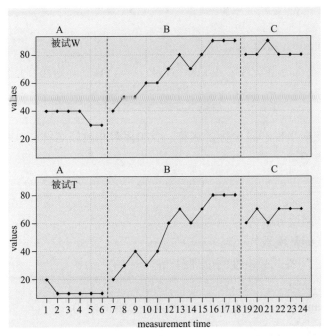

图 3-3　2 名自闭症儿童阅读干预的单一被试图（调整颜色和背景）

如果只是呈现被试 T 的数据分析结果（见图 3-4），那么可以采用如下语句。

plot(study$ 被试 T)

或 plot(study[2])

如果是从外部文件读入数据，那么可以新生成一个 .csv 文件，文件中仅有被试 T 的数据。采用上面的绘图语句，可以绘制与图 3-4 相同的图形。

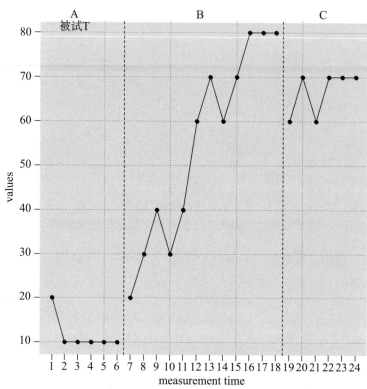

图 3-4　被试 T 阅读干预的单一被试图

想要改变横坐标和纵坐标的名称，增加标题和阶段名称等（见图 3-5），可以采用下列语句。

plot(
 study,
 ylab = " 阅读分数 ",
 xlab = " 测量次数 ",
 main = " 问答式故事性阅读理解 ",
 lines = "loreg",
 phase.names = c(" 基线期 ", " 干预期 ", " 维持期 "),
 style = "grid",

```
ylim = c(0, 100),
xinc = 1)
```

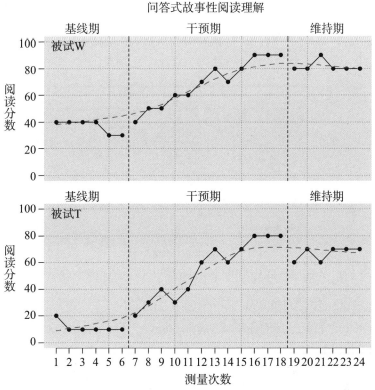

图 3-5　2 名自闭症儿童阅读干预的单一被试图（增加标题和坐标名称）

scan 编写者研发了专门用于绘图的 R 程序包 scplot（Wilbert，2023），调用这个程序包时需要载入程序包 ggplot2 和 scan。它的优势在于可以同时呈现几个因变量的图形，增加一些辅助线，还可以进行一些个性化的设置和设置组合，如改变线条的颜色、数据点的格式、增加被试标签和圈出相应的数据等。

改变线条的颜色和数据点的格式（见图 3-6a），语句如下。

```
install.packages("scplot")
library(scplot)
scplot(study) %>% set_dataline(line = list(colour = "darkred", linewidth = 2),
point = list(colour = "black", size = 3, shape = 15))
```

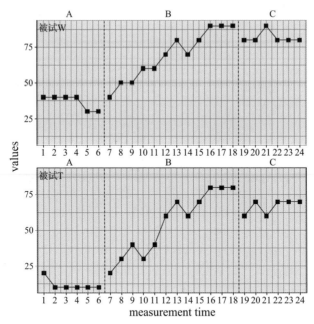

图 3-6a 2 名自闭症儿童阅读干预的单一被试图（改变线条和数据点）

增加被试标签（见图 3-6b），语句如下。

scplot(study) %>% set_casenames(position = "strip", background = list(fill = "lightblue"))

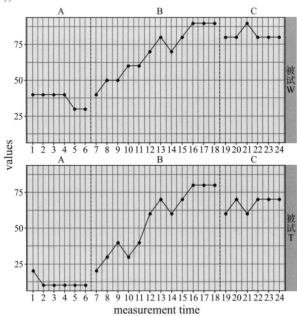

图 3-6b 2 名自闭症儿童阅读干预的单一被试图（增加被试标签）

从图 3-6c 可以看出，不仅改变了线条的颜色和数据点的格式，同时增加了被试标签，还将横坐标和纵坐标的标签设定为"测量次数"和"阅读分数"。语句如下。

```
scplot(study) %>%
set_dataline(line = list(colour = "darkred", linewidth = 2), point = list(colour =
"black", size = 3, shape = 15)) %>%
set_casenames(position = "strip", background = list(fill = "lightblue")) %>%
set_xlabel(" 测量次数 ") %>%
set_ylabel(" 阅读分数 ")
```

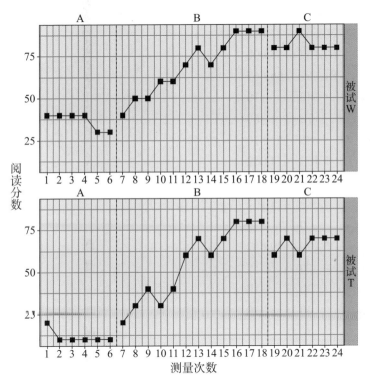

图 3-6c　2 名自闭症儿童阅读干预的单一被试图
（改变线条和数据点、增加标签）

3.2　增加辅助线（各阶段平均数）

增加的辅助线可以表示各个阶段的平均数。

在制作辅助线之前，先介绍如何计算集中量和差异量等描述性统计信息。语句如下。

```
describe(study)
Describe Single-Case Data
```

	W A-B-C	T A-B-C
Design		
n.A	6	6
n.B	12	12
n.C	6	6
mis.A	0	0
mis.B	0	0
mis.C	0	0

	W	T
m.A	36.667	11.667
m.B	69.167	55.000
m.C	81.667	66.667
md.A	40	10
md.B	70	60
md.C	80	70
sd.A	5.164	4.082
sd.B	17.299	21.950
sd.C	4.082	5.164
mad.A	0	0
mad.B	22.239	29.652
mad.C	0	0
min.A	30	10
min.B	40	20
min.C	80	60
max.A	40	20
max.B	90	80
max.C	90	70
trend.A	-2.286	-1.429
trend.B	4.650	5.804
trend.C	-0.286	1.714

　　想要分析 2 名被试的阅读能力，可以分别计算基线期、干预期和维持期三个阶段的平均数、中位数、标准差和趋势。另外，趋势可以用专门的语句来计算。

　　将 type 参数赋予不同的值，如 "mean" "meanA" 或 "medianA"，可以绘制相应的集中量辅助线。

增加的辅助线表示各个阶段的平均数（见图 3-7），语句如下。

```
plot(
  study,
  ylab = " 阅读分数 ",
  xlab = " 测量次数 ",
  lines = list(type = "mean", lwd = 0.5),
  phase.names = c(" 基线期 ", " 干预期 ", " 维持期 "),
  style = "default",
  ylim = c(0, 100),
  xinc = 1)
```

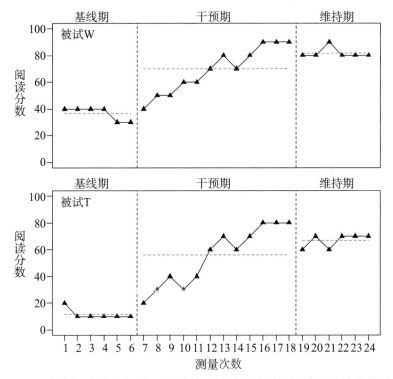

图 3-7　2 名自闭症儿童阅读干预的单一被试图（增加各阶段平均数辅助线）

增加的辅助线表示基线期平均数（见图 3-8），语句如下。

```
plot(
  study,
  ylab = " 阅读分数 ",
  xlab = " 测量次数 ",
  lines = list(type = "meanA", lwd = 0.5),
```

phase.names = c(" 基线期 ", " 干预期 ", " 维持期 "),

style = "default",

ylim = c(0, 100),

xinc = 1)

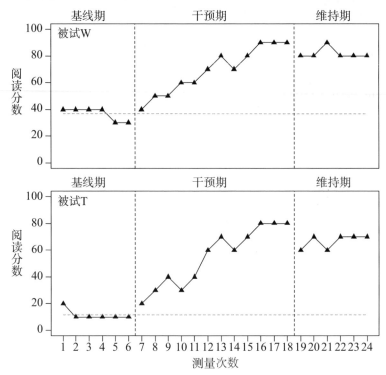

图 3-8　2 名自闭症儿童阅读干预的单一被试图（增加基线期平均数辅助线）

增加的辅助线表示基线期中位数（见图 3-9），语句如下。

plot(

　　study,

　　ylab = " 阅读分数 ",

　　xlab = " 测量次数 ",

　　lines = list(type = "medianA", lwd = 0.5),

　　phase.names = c(" 基线期 ", " 干预期 ", " 维持期 "),

　　style = "default",

　　ylim = c(0, 100),

　　xinc = 1)

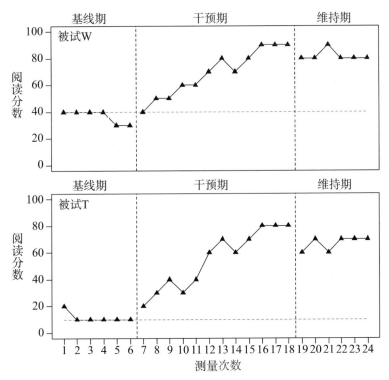

图 3-9　2 名自闭症儿童阅读干预的单一被试图（增加基线期中位数辅助线）

后面计算效应量时可以充分发挥中位数辅助线的作用，比如，超过中位数的数据点百分比（percentage of data points exceeding the median，简称 PEM）。这一效应量就是干预期超过基线期中位数的数据百分比。

3.3　增加辅助线（各阶段趋势线）

运用语句计算趋势，语句如下。

trend(study$W)

Trend for each phase

	Intercept	B	Beta
Linear.ALL	33.667	2.652	0.891
Linear.A	42.381	-2.286	-0.828
Linear.B	43.590	4.650	0.969
Linear.C	82.381	-0.286	-0.131
Quadratic.ALL	45.878	0.102	0.812
Quadratic.A	41.042	-0.477	-0.901

Quadratic.B   53.077   0.382   0.908

Quadratic.C   82.664   -0.109   -0.260

需要注意的是：这里表明趋势的计算是对每个阶段独立进行的，与其他阶段没有任何关联；输入 1 次语句只能计算 1 名被试的数据；绘图时可以同时绘制 2 名被试的数据。

将 type 参数赋予不同的值，如 "trend" 或 "trendA"，可以绘制相应的趋势辅助线。

图 3-10 中的辅助线是每个阶段各自的趋势线（即回归线），语句如下。

```
plot(
  study,
  ylab = " 阅读分数 ",
  xlab = " 测量次数 ",
  lines = list(type = "trend", lwd = 0.5),
  phase.names = c(" 基线期 ", " 干预期 ", " 维持期 "),
  style = "default",
  ylim = c(0, 100),
  xinc = 1)
```

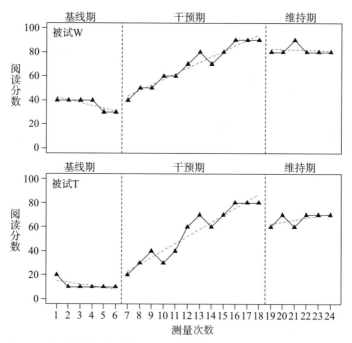

图 3-10　2 名自闭症儿童阅读干预的单一被试图（增加各阶段趋势线）

图 3-11 中增加的辅助线就是基线期的趋势线。后面计算效应量时，可充分发挥此辅助线的作用，比如超过回归趋势的百分比（percentage exceeding the regression trend，简称 PET）。这一效应量就是干预期的数据点超过基线期趋势预测值的百分比。

增加基线期趋势线的语句如下。

```
plot(
    study,
    ylab = " 阅读分数 ",
    xlab = " 测量次数 ",
    lines = list(type = "trendA", lwd = 0.5),
    phase.names = c(" 基线期 ", " 干预期 ", " 维持期 "),
    style = "default",
    ylim = c(0, 100),
    xinc = 1)
```

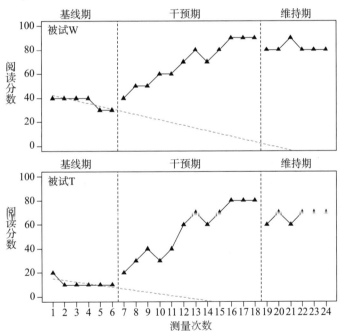

图 3-11　2 名自闭症儿童阅读干预的单一被试图（增加基线期趋势线）

4.　效应量计算

效应量是干预效果的量化指标。R 程序包 scan 不仅可以计算每一个具体

的效应量，而且可以仅运用一个语句就可以同时计算多种常见的效应量。程序
包 SCDA 和 SSD for R 则不具有此功能。

输入以下语句可以计算效应量。

overlap(study)

Overlap Indices

Comparing phase 1 against phase 2

	W	T
Design	A-B-C	A-B-C
PND	92	92
PEM	92	100
PET	100	100
NAP	97	99
NAP rescaled	94	99
PAND	86	94
Tau_U	0.93	0.91
Base_Tau	0.69	0.72
Diff_mean	32.50	43.33
Diff_trend	6.94	7.23
SMD	6.29	10.61
Hedges_g	2.12	2.25

这一语句获得了 2 名被试的常见效应量。如果仅仅想要得到被试 W 的效
应量，可以将语句更改为：

overlap(study$W)

Overlap Indices

Comparing phase 1 against phase 2

	W
Design	A-B-C
PND	92
PEM	92
PET	100
NAP	97

NAP rescaled	94
PAND	86
Tau_U	0.93
Base_Tau	0.69
Diff_mean	32.5
Diff_trend	6.94
SMD	6.29
Hedges_g	2.12

注意：这里的 Hedges_g=2.12，实际上是 Hedges' g 校正值（Hedges' g correction）。真正的 Hedges' g 应该等于 2.22。

4.1　标准化的平均数之差

计算标准化的平均数之差的语句如下。

smd(study)

Standardized mean differences

	W	T
mA	36.67	11.67
mB	69.17	55.00
sdA	5.16	4.08
sdB	17.30	21.95
sd cohen	12.77	15.79
sd hedges	14.63	18.34
Glass' delta	6.29	10.61
Hedges' g	2.22	2.36
Hedges' g correction	2.12	2.25
Hedges' g durlak correction	2.00	2.12
Cohen's d	2.55	2.75

标准化的平均数之差的计算就是用两个阶段的平均数之差除以标准差。作为分母的标准差不同，就会得出不同的值。另外，小样本也需要进行校正，因为公式不同会得出不同的结果。以被试 W 为例分析具体的计算。

sd Cohen=12.77

Cohen 标准差的计算：先求基线期方差（5.16^2）和干预期方差（17.30^2）之和，然后除以 2，再求平方根。

sd Hedges=14.63

Hedges 标准差的计算：先求基线期方差和干预期方差，根据自由度加权平均后获得汇总方差，再求平方根。

Glass' delta=6.29

Glass' delta 的计算：两个阶段的平均数之差（69.17–36.67=32.5）除以基线期的标准差（5.16）。

Hedges' g=2.22

Hedges' g 的计算：两个阶段的平均数之差（69.17–36.67=32.5）除以 Hedges 标准差（14.63）。

Hedges' g correction=2.12

Hedges' g 校正值的计算：Hedges' g 乘以校正系数 [1–3/（4（na+nb）–9）]。其中 na 是基线期的测量次数（6 次），nb 是干预期的测量次数（12 次）。它对小样本进行了校正。

Hedges' g durlak correction=2.00

Hedges' g durlak correction 的计算也对小样本进行了校正。其计算语句如下（其中，n=6+12=18）。

correction_durlak <-（n - 3）/（n - 2.25）* sqrt（（n - 2）/ n）

Hedges' g durlak correction <- Hedges' g * correction_durlak

Cohen's d=2.55

Cohen's d 的计算：两个阶段的平均数之差（69.17–36.67=32.5）除以 Cohen 标准差（12.77）。

当两个阶段的测量次数相等时，Hedges 标准差与 Cohen 标准差相等，同样地，Hedges' g 和 Cohen's d 也相等。

4.2　非重叠效应量

非重叠效应量可以量化干预效果。如果两个阶段不重叠，说明干预效果明显。如果两个阶段重叠，则说明没有干预效果或者干预效果不明显。

运用语句 overlap() 可以计算所有非重叠指标。当然也可以用其他语句分别计算每一个具体的非重叠指标。

【data】studya.csv

计算非重叠效应量的语句如下。

```
library(scan)
study <-readSC()
overlap(study$W)
Overlap Indices
```

Comparing phase 1 against phase 2

	W
Design	A-B-C
PND	92
PEM	92
PET	100
NAP	97
NAP rescaled	94
PAND	86
Tau_U	0.93
Base_Tau	0.69
Diff_mean	32.5
Diff_trend	6.94
SMD	6.29
Hedges_g	2.12

平均数之差 "Diff_mean" 前面的效应量都是非重叠效应量。

接下来，具体分析每一个非重叠效应量。对于每一个具体的非重叠效应量，默认状态是 "decreasing = FALSE"，也就是干预期数据高于基线期。如果干预期的数据低于基线期，就需要在语句中增加 "decreasing = TRUE"。

4.2.1　非重叠数据百分比（PND）

非重叠数据百分比的英文名称是 "percentage of non-overlapping data"（简称 PND），指的是干预期与基线期不重叠的数据百分比。1987 年托马斯 E. 斯克鲁格斯（Thomas E. Scruggs）提出了第一个非重叠效应量 PND。25 年后，他写了《PND 的 25 年：单一被试设计的过去、现在和未来》（*PND at 25: Past, Present, and Future Trends in Summarizing Single-Subject Research*）这篇文章，论述了 PND 在单一被试研究中的作用（Scruggs & Mastropieri，2013）。

通过以下语句可以计算 PND。

```
pnd(study$W)
```

Percent Non-Overlapping Data

Case	PND	Total	Exceeds
W	91.67%	12	11

Mean：91.67 %

```
plot(study$W, lines = c("maxA", lty="dashed"))
```

基线期的最大值是 40,据此绘制辅助线(见图 3-12)。干预期有 12 个数据,其中 11 个数据高于辅助线。

11/12≈91.67%

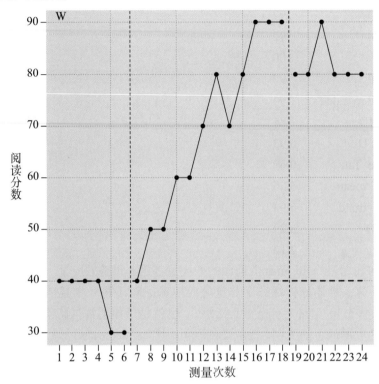

图 3-12　被试 W 阅读干预的单一被试图(增加基线期最大值辅助线)

4.2.2　超过中位数的数据点百分比(PEM)

超过中位数的数据点百分比的英文名称是"percentage of data points exceeding the median"(简称 PEM),指的是干预期超过基线期中位数的数据百分比。

通过以下语句可以计算 PEM。

pem(study$W)

Percent Exceeding the Median

	PEM	positives	total	binom.p
W	91.67	11	12	0.003

Alternative hypothesis: true probability > 50%

plot(study$W, lines = c("medianA", lty="dashed"))

基线期的中位数是 40，据此绘制辅助线（见图 3–13）。干预期有 12 个数据，其中 11 个数据高于辅助线。

11/12≈91.67%

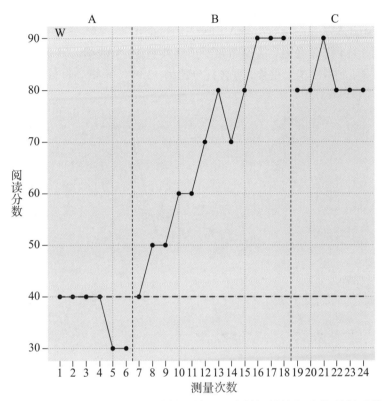

图 3-13　被试 W 阅读干预的单一被试图（增加基线期中位数辅助线）

4.2.3　所有非重叠数据百分比（PAND）

所有非重叠数据百分比的英文名称是 "percentage of all non-overlapping data"（简称 PAND），指的是基线期和干预期这两个阶段不重叠数据的个数在所有数据个数中所占的百分比。

通过以下语句可以计算 PAND。

pand(study$W)

Percentage of all non-overlapping data

PAND = 86.1 %

Φ = 0.741 ; Φ² = 0.549

Number of cases: 1

Total measurements: 18 (in phase A: 6; in phase B: 12)

n overlapping data per case: 2.5

Total overlapping data: n = 2.5 ; percentage = 13.9

绘制图形可以直观展现基线期和干预期的数据重叠情况,语句如下。

plot(study$W, lines – c("maxA", lty="dashed"))

从图 3-14 可以看出,基线期和干预期共有 18 个数据。其中,有 5 个点因相等而重叠,则算 2.5 个重叠,重叠百分比为 13.9%,不重叠百分比为 86.1%。

1−2.5/18≈86.1%

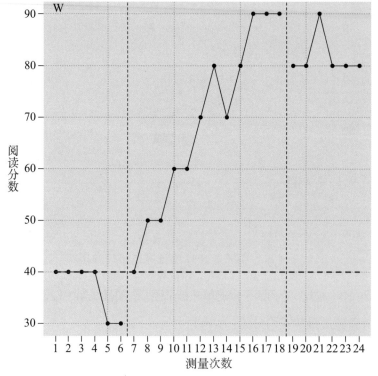

图 3-14　被试 W 阅读干预的单一被试图(增加基线期最大值辅助线)

4.2.4　非重叠配对(NAP)

非重叠配对的英文名称是 "nonoverlap of all pairs"(简称 NAP),指的是不重叠的配对在总的配对中所占的比例。

分母为总配对数,也就是基线期的数据个数(6)乘以干预期的数据个数(12)。

6*12=72。

分子为干预期高于基线期的配对数。分子的计算方法为:用总配对数(72)先减去相等的配对数(4)与 0.5 的积(即 72−4*0.5),再减去干预期低于基线期的配对数（0）；算式为 72-4*0.5-0=70。从而得到干预期高于基线期的配对数等于 70。

70/72≈97.22%

通过以下语句可以计算 NAP。

nap(study$W)

Nonoverlap of All Pairs

```
Case NAP Rescaled Pairs Positives Ties W          p
  W  97.22          94   72      68   4  2 0.00072
```

也可以采用另一种计算方法 NAP：分子为干预期高于基线期的配对数 68，再加上相等的配对数（乘以 0.5），分母为总配对数 72，算式为（68+4*0.5）/72≈97.22%。

4.3　特有效应量

4.3.1　超过回归线的百分比（PET）

超过回归线的百分比的英文名称是 "percentage exceeding the regression trend"（简称 PET），指的是干预期的数据点超过基线期趋势预测值的百分比。这是 scan 特有的非重叠效应量。

通过以下语句可以计算 PET。

pet(study$W)

Percent Exceeding the Trend

N cases = 1

```
  PET binom.p PET CI
W 100         0    100
```

Binom.test: alternative hypothesis: true probability > 50%

PET CI: Percent of values greater than upper 95% confidence threshold (greater 1.645*se above predicted value)

plot(study$W, lines = c("trendA", lty="dashed"))

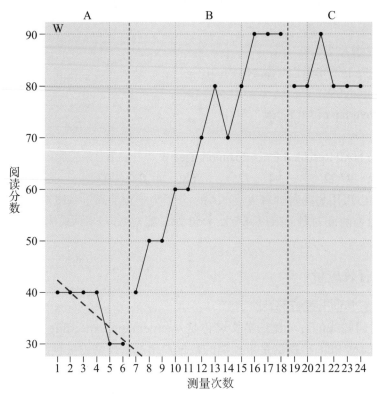

图 3-15　被试 W 阅读干预的单一被试图（增加基线期辅助线）

以基线期的回归线作为辅助线，如果将其延伸到干预期，那么干预期的 12 个数据会全部在辅助线之上（见图 3-15）。

12/12=1

4.3.2　可靠改变指标（RCI）

可靠改变指标的英文名称是"reliable change index"（简称 RCI），通过 RCI 可以判断干预期的结果是否高于基线期。使用者在输入语句时，需要提供测量的信度数值。运行结果报告了三个可靠改变指标：Jacobson et al.=14.072913，Christensen and Mendoza=9.951052，Hageman and Arrindell=28.225123。当前该功能尚不成熟，还有待完善。

通过以下语句可以计算 RCI。

rci(study$W, rel=0.8, graph = TRUE)

Reliable Change Index

Mean Difference = 32.5

Standardized Difference = 1.532065

Descriptives:

	n	mean	SD	SE
A-Phase	6	36.66667	5.163978	2.309401
B-Phase	12	69.16667	17.298625	7.736180

Reliability = 0.8

95 % Confidence Intervals:

	Lower	Upper
A-Phase	32.14032	41.19301
B-Phase	54.00403	84.32930

Reliable Change Indices:

	RCI
Jacobson et al.	14.072913
Christensen and Mendoza	9.951052
Hageman and Arrindell	28.225123

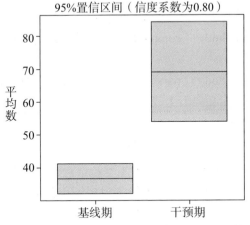

图 3-16　基线期和干预期平均数的 95% 置信区间

图 3-16 是输入语句以后自动生成的，直观地呈现了两个阶段（基线期和干预期）各自平均数的置信区间。

4.3.3　Tau-U

Tau-U 源自肯德尔（M.G. Kendall）的 Tau 和曼 - 惠特尼（H.B. Mann & D.R.

Whitney）U 检验的 U 。这一效应量将非重叠效应量与基线期和干预期的趋势组合起来（Parker et al., 2011；Brossart et al., 2018）。通过基线期和干预期数值的比较（阶段间的水平差异），同时综合考虑基线期和干预期的趋势（阶段内的趋势），计算非重叠程度。当前很多干预研究都选用这一指标。但是 Tau-U 的计算比较复杂，其结果也无法用图形直观地呈现。

Tau-U 等于肯德尔分数 S 除以总对数 D。肯德尔分数 S 等于正向的对数减去负向的对数。

肯德尔 Tau 有两种估计方法：肯德尔 Tau-a 和肯德尔 Tau-b。

肯德尔 Tau-a 是最早提出的，计算总对数 D 时没有进行校正。

肯德尔 Tau-b 是后面提出，也是程序包 scan 的默认值。计算总对数 D 时因为有相等的对数（tie）而进行了校正。校正的具体计算方法可以参阅布罗萨尔等人（Brossart et al., 2018）的研究。

A 阶段和 B 阶段比较，共有 6*12=72 个比较，B 阶段高于 A 阶段的有 68 个（正向对数），B 阶段低于 A 阶段的有 0 个（负向对数），相等的有 4 个（相等对数）。

Parker 和 Tau-a 组合时，A 阶段和 B 阶段比较的 Tau-U=0.94，S=68，D=72（未校正）。

Parker 和 Tau-b 组合时，A 阶段和 B 阶段比较的 Tau-U=0.97，S=68，D=70（校正）。

Tau-U 有两种估计方法：complete 和 parker。

方法一，设置 method = "complete"，这是默认值，算出的 Tau-U 保持在 -1 到 1 之间。

方法二，设置 method = "parker"，这是帕克等人（Parker et al., 2011）提出的，算出的 Tau-U 可能会大于 1 或小于 -1。

complete + Tau-a $_{A\,vs.\,B\,-\,Trend\,A}$ 的 Tau-U=0.87，S=76，D=72+15=87。

parker + Tau-a $_{A\,vs.\,B\,-\,Trend\,A}$ 的 Tau-U=1.06，S=76，D=72。

在 parker + Tau-a 情况下，计算 Tau-U $_{A\,vs.\,B-trend\,A}$ 时，D 值只采用了 A 阶段和 B 阶段比较的对数（72），没有加上 A 阶段的对数（15）。计算的值为 1.06，大于 1。

将 Tau 方法（a 和 b）和 Tau-U 方法（complete 和 parker）组合起来就会有四种情况，即 parker + Tau-a 、complete + Tau-a、parker + Tau-b 和 complete + Tau-b。

通过语句计算出来的 Tau-U 有四种：A vs. B、A vs. B – Trend A、A vs. B + Trend B 和 A vs. B + Trend B – Trend A，分别表示 A 阶段与 B 阶段比较的 Tau-U，去除 A 阶段趋势的 A 阶段与 B 阶段比较的 Tau-U，增加 B 阶段趋势的 A 阶段与

B 阶段比较的 Tau-U，以及增加 B 阶段趋势、去除 A 阶段趋势的 A 阶段与 B 阶段比较的 Tau-U。

【data】studya.csv

通过以下语句可以计算 parker + Tau-a 情况下的 Tau-U。

```
library(scan)
study <- readSC()
tau_u(study$W, method = "parker", tau_method = "a")
```

Tau-U

Method: parker

Applied Kendall's Tau-a

95% CIs for tau are reported.

CI method:

Case: W

	Tau	CI lower	CI upper	SD_S	Z	p
A vs. B	0.94	0.85	0.98	21.35	3.18	<.001
A vs. B - Trend A	1.06	NaN	NaN	26.40	2.88	<.001
A vs. B + Trend B	0.91	0.76	0.96	26.40	4.73	<.001
A vs. B + Trend B − Trend A	0.87	0.68	0.95	26.40	5.04	<.001

通过以下语句可以计算 parker + Tau-a 情况下的 Tau-U 并呈现详细的数据信息。

```
tau_u(study$W, method = "parker", tau_method = "a") %>% print(complete = TRUE)
```

```
Tau-U
Method: parker
Applied Kendall's Tau-a
95% CIs for tau are reported.
CI method: z

Case: W
                            pairs pos neg ties   S   D  Tau CI lower CI upper SD_S  VAR_S SE_Tau     Z    p  n
A vs. B                        72  68   0    4  68  72 0.94     0.85     0.98 21.35 456.00   0.30  3.18 <.001 18
Trend A                        15   0   8    7  -8  15 -0.53    -0.94     0.49  5.32  28.33   0.35 -1.50   .13  6
Trend B                        66  58   1    7  57  66 0.86     0.57     0.96 14.58 212.67   0.22  3.91 <.001 12
A vs. B - Trend A              72  76   0   11  76  72 1.06      NaN      NaN 26.40 697.00   0.37  2.88 <.001 18
A vs. B + Trend B             138 126   1   11 125 138 0.91     0.76     0.96 26.40 697.00   0.19  4.73 <.001 18
A vs. B + Trend B - Trend A   153 134   1   18 133 153 0.87     0.68     0.95 26.40 697.00   0.17  5.04 <.001 18
```

通过以下语句可以计算 complete + Tau-a 情况下的 Tau-U。

```
tau_u(study$W, tau_method="a")
```

Tau-U

Method: complete

Applied Kendall's Tau-a

95% CIs for tau are reported.

CI method:

Case: W

	Tau	CI lower	CI upper	SD_S	Z	p
A vs. B	0.94	0.85	0.98	21.35	3.18	<.001
A vs. B - Trend A	0.87	0.69	0.95	26.40	2.88	<.001
A vs. B + Trend B	0.91	0.76	0.96	26.40	4.73	<.001
A vs. B + Trend B - Trend A	0.87	0.68	0.95	26.40	5.04	<.001

通过以下语句可以计算 complete + Tau-a 情况下的 Tau-U 并呈现详细的数据信息。

```
tau_u(study$W, tau_method="a") %>% print(complete = TRUE)
```

```
Tau-U
Method: complete
Applied Kendall's Tau-a
95% CIs for tau are reported.
CI method: z

Case: W

                             pairs pos neg ties   S   D   Tau CI lower CI upper  SD_S   VAR_S SE_Tau     Z    p  n
A vs. B                         72  68   0    4  68  72  0.94     0.85     0.98 21.35  456.00   0.30  3.18 <.001 18
Trend A                         15   0   8    7  -8  15 -0.53    -0.94     0.49  5.32   28.33   0.35 -1.50  .13  6
Trend B                         66  58   1    7  57  66  0.86     0.57     0.96 14.58  212.67   0.22  3.91 <.001 12
A vs. B - Trend A                87  76   0   11  76  87  0.87     0.69     0.95 26.40  697.00   0.30  2.88 <.001 18
A vs. B + Trend B               138 126   1   11 125 138  0.91     0.76     0.96 26.40  697.00   0.19  4.73 <.001 18
A vs. B + Trend B - Trend A     153 134   1   18 133 153  0.87     0.68     0.95 26.40  697.00   0.17  5.04 <.001 18
```

通过以下语句可以计算 parker + Tau-b 情况下的 Tau-U。

```
tau_u(study$W, method = "parker", tau_method = "b")
```

Tau-U

Method: parker

Applied Kendall's Tau-b

95% CIs for tau are reported.

CI method:

Case: W

	Tau	CI lower	CI upper	SD_S	Z	p
A vs. B	0.97	0.92	0.99	21.35	3.18	<.001
A vs. B - Trend A	0.70	0.35	0.88	21.65	3.51	<.001

A vs. B + Trend B	0.92	0.78	0.97	25.40	4.92	<.001
A vs. B + Trend B - Trend A 0.93	0.81	0.97	25.92	5.13	<.001

通过以下语句可以计算 parker + Tau–b 情况下的 Tau–U 并呈现详细的数据信息。

tau_u(study$W, method = "parker", tau_method = "b") %>% print(complete = TRUE)

```
Tau-U
Method: parker
Applied Kendall's Tau-b
95% CIs for tau are reported.
CI method:

Case: W
                        pairs pos neg ties   S      D  Tau CI lower CI upper SD_S  VAR_S SE_Tau    Z    p  n
A vs. B                    72  68   0    4  68  70.00 0.97     0.92     0.99 21.35 456.00   0.31 3.18 <.001 18
Trend A                    15   0   8    7  -8  10.95 -0.73    -0.97     0.20  5.32  28.33   0.49 -1.50  .13  6
Trend B                    66  58   1    7  57  62.40 0.91     0.71     0.98 14.58 212.67   0.23 3.91 <.001 12
A vs. B - Trend A          72  76   0   11  76 108.37 0.70     0.35     0.88 21.65 468.74   0.20 3.51 <.001 18
A vs. B + Trend B         138 126   1   11 125 136.49 0.92     0.78     0.97 25.40 645.28   0.19 4.92 <.001 18
A vs. B + Trend B - Trend A 153 134  1   18 133 143.72 0.93     0.81     0.97 25.92 671.67   0.18 5.13 <.001 18
```

通过以下语句可以计算 complete + Tau–b 情况下的 Tau–U。

tau_u(study$W)

Tau-U

Method: complete

Applied Kendall's Tau-b

95% CIs for tau are reported.

CI method:

Case: W

	Tau	CI lower	CI upper	SD_S	Z	p
A vs. B	0.97	0.92	0.99	21.35	3.18	<.001
A vs. B - Trend A	0.70	0.35	0.88	21.65	3.51	<.001
A vs. B + Trend B	0.92	0.78	0.97	25.40	4.92	<.001
A vs. B + Trend B - Trend A 0.93	0.81	0.97	25.92	5.13	<.001

通过以下语句可以计算 complete + Tau–b 情况下的 Tau–U 并呈现详细的数据信息。

tau_u(study$W) %>% print(complete = TRUE)

等价于

a <- tau_u(study$W)

print(a, complete = TRUE)

```
Tau-U
Method: complete
Applied Kendall's Tau-b
95% CIs for tau are reported.
CI method: z

Case: W
```

	pairs	pos	neg	ties	S	D	Tau	CI lower	CI upper	SD_S	VAR_S	SE_Tau	Z	p	n
A vs. B	72	68	0	4	68	70.00	0.97	0.92	0.99	21.35	456.00	0.31	3.18	<.001	18
Trend A	15	0	8	7	-8	10.95	-0.73	-0.97	0.20	5.32	28.33	0.49	-1.50	.13	6
Trend B	66	58	1	7	57	62.40	0.91	0.71	0.98	14.58	212.67	0.23	3.91	<.001	12
A vs. B - Trend A	87	76	0	11	76	108.37	0.70	0.35	0.88	21.65	468.74	0.20	3.51	<.001	18
A vs. B + Trend B	138	126	1	11	125	136.49	0.92	0.78	0.97	25.40	645.28	0.19	4.92	<.001	18
A vs. B + Trend B - Trend A	153	134	1	18	133	143.72	0.93	0.81	0.97	25.92	671.67	0.18	5.13	<.001	18

如果想进一步了解 Tau-U 中各项数值的计算，可以使用马诺洛夫编写的网页应用程序。

【data】studycw.txt （制表符 Tab，去除了 A2）

数据样例见图 3-17。

score	phase
40	A
40	A
40	A
40	A
30	A
30	A
40	B
50	B
50	B
60	B
60	B
70	B
80	B
70	B
80	B
90	B
90	B
90	B

图 3-17　studycw.txt 数据样例

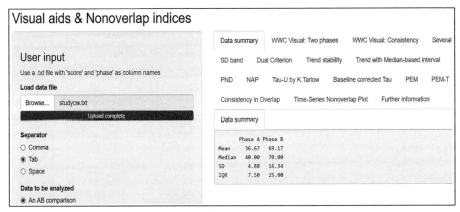

图 3-18　马诺洛夫网页应用程序的数据输入界面

输入数据文件后，选择"Tau-U by K. Tarlow"条目（见图 3-18），就可以获得 Tau-U 的分析结果。A 阶段内比较的结果，在比较矩阵图的右上方（见图 3-19），可以用于计算 A 阶段的趋势。B 阶段内比较的结果在图的左下方，可以用于计算 B 阶段的趋势。A 阶段和 B 阶段比较的结果，在图的左上方，可以用于计算 A 阶段和 B 阶段的比较。

A 阶段和 B 阶段的比较，正号表示 B 阶段高于 A 阶段，T 表示两者相等，负号表示 B 阶段低于 A 阶段。左上方有 72 对比较，其中正号有 68 个，T 有 4 个，负号有 0 个。S= 正号数 – 负号数 =68，D=72，Tau-$U_{A\,vs.\,B}$=68/72=0.944。这是没有进行校正的效应量。

接下来计算去除了 A 阶段趋势的 A 阶段与 B 阶段比较的 Tau-U。A 阶段与 B 阶段比较的对数是 72，A 阶段内比较的对数是 15，两者相加为 D=87。A 阶段与 B 阶段比较的肯德尔分数 S=68，A 阶段趋势的肯德尔分数 S=-8，两者相减为 S=76。Tau-$U_{A\,vs.\,B\,-\,Trend\,A}$=S/D=76/87≈0.8736。如果没有对 A 阶段和 B 阶段比较相等的对数（tie）进行校正，且总对数 D 增加了 A 阶段的对数，就可以判定采用的估计方法为 complete + Tau-a。图 3-20 列出了 Tau-U 分析的具体结果。

```
      90  90  90  80  70  80  70  60  60  50  50  40 │ 30  30  40  40  40  40
40   "+" "+" "+" "+" "+" "+" "+" "+" "+" "+" "+" "T"│"-" "-" "T" "T" "T"  NA
40   "+" "+" "+" "+" "+" "+" "+" "+" "+" "+" "+" "T"│"-" "-" "T" "T"  NA  NA
40   "+" "+" "+" "+" "+" "+" "+" "+" "+" "+" "+" "T"│"-" "-" "T"  NA  NA  NA
40   "+" "+" "+" "+" "+" "+" "+" "+" "+" "+" "+" "T"│"-" "-"  NA  NA  NA  NA
30   "+" "+" "+" "+" "+" "+" "+" "+" "+" "+" "+" "+"│"T"  NA  NA  NA  NA  NA
30   "+" "+" "+" "+" "+" "+" "+" "+" "+" "+" "+" "+"│ NA  NA  NA  NA  NA  NA
40   "+" "+" "+" "+" "+" "+" "+" "+" "+" "+" "+"  NA│ NA  NA  NA  NA  NA  NA
50   "+" "+" "+" "+" "+" "+" "+" "+" "+" "T"  NA  NA│ NA  NA  NA  NA  NA  NA
50   "+" "+" "+" "+" "+" "+" "+" "+" "+"  NA  NA  NA│ NA  NA  NA  NA  NA  NA
60   "+" "+" "+" "+" "+" "+" "+" "T"  NA  NA  NA  NA│ NA  NA  NA  NA  NA  NA
60   "+" "+" "+" "+" "+" "+" "+"  NA  NA  NA  NA  NA│ NA  NA  NA  NA  NA  NA
70   "+" "+" "+" "+" "T" "+"  NA  NA  NA  NA  NA  NA│ NA  NA  NA  NA  NA  NA
80   "+" "+" "+" "T" "-"  NA  NA  NA  NA  NA  NA  NA│ NA  NA  NA  NA  NA  NA
70   "+" "+" "+" "+"  NA  NA  NA  NA  NA  NA  NA  NA│ NA  NA  NA  NA  NA  NA
80   "+" "+" "+"  NA  NA  NA  NA  NA  NA  NA  NA  NA│ NA  NA  NA  NA  NA  NA
90   "T" "T"  NA  NA  NA  NA  NA  NA  NA  NA  NA  NA│ NA  NA  NA  NA  NA  NA
90   "T"  NA  NA  NA  NA  NA  NA  NA  NA  NA  NA  NA│ NA  NA  NA  NA  NA  NA
90    NA  NA  NA  NA  NA  NA  NA  NA  NA  NA  NA  NA│ NA  NA  NA  NA  NA  NA
```

图 3-19　A 阶段内、B 阶段内和 AB 阶段间的比较矩阵图

```
Tau-U Analysis

            A vs B    trendA    trendB    A vs B - trendA    A vs B + trendB
#pairs     72.0000   15.0000   66.0000           87.0000           138.0000
#pos       68.0000    0.0000   58.0000                NA                 NA
#neg        0.0000    8.0000    1.0000                NA                 NA
S          68.0000   -8.0000   57.0000           76.0000           125.0000
Tau         0.9444   -0.5333    0.8636            0.8736             0.9058
SD(S)      21.0322    4.3205   14.3178           21.4714            25.4023
VAR(S)    442.3529   18.6667  205.0000          461.0196           645.2778
p           0.0014    0.1052    0.0001            0.0005             0.0000
            A vs B + trendB - trendA
#pairs                   153.0000
#pos                           NA
#neg                           NA
S                        133.0000
Tau                        0.8693
SD(S)                     25.9165
VAR(S)                   671.6667
p                          0.0000


Tau Summary and Comparison Table

           Tau-A     Tau-B    Tau-U ***
Tau       0.7647    0.8141      0.9058
p         0.0000    0.0000      0.0000


  *** A vs B + trendB
```

图 3-20　Tau-U 分析结果

4.3.4　基线期校正 Tau

塔洛（Tarlow，2017a）提出了基线期校正 Tau（baseline corrected tau）。具体计算可以通过以下三种途径：scan，马诺洛夫编写的网页应用程序，以及塔洛编写的网络计算器。

scan 语句如下：

corrected_tau(study$W,repeated=FALSE)

Baseline corrected tau

Method: Theil-Sen regression

Continuity correction not applied.

W：

	tau	z	p
Baseline autocorrelation	-0.73	-1.85	.06
Uncorrected tau	0.69	3.23	<.01
Baseline corrected tau	0.69	3.37	<.01

Baseline correction should not be applied.

corrected_tau(study$W,repeated=TRUE)

Method: Siegel repeated median regression

Continuity correction not applied.

W：

	tau	z	p
Baseline autocorrelation	-0.73	-1.85	.06
Uncorrected tau	0.69	3.23	<.01
Baseline corrected tau	0.69	3.23	<.01

Baseline correction should not be applied.

首先要判断是否需要进行基线期校正。因为如果不存在自相关，就无须校正。这时可以报告非校正 Tau 为 0.69。如果结果显示需要进行基线期校正，则选择基线期校正 Tau。上述两个语句运行时使用了不同的回归分析方法，但是结果相同。

同样可以使用马诺洛夫编写的网页应用程序。得出的结果（见图 3–21）与

R 程序包 scan 的结果完全一致。

【data】studycw.txt （制表符 Tab，去除了 A2）

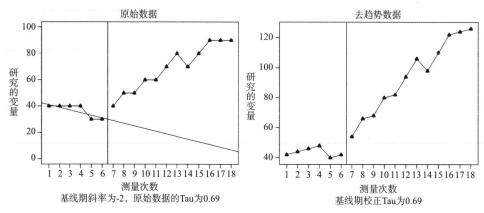

图 3-21　基线期校正 Tau 结果

第三种就是采用塔洛编写的网络计算器（Tarlow, 2016）。

进入网页，第一步，输入数据（见图 3-22）。第二步，检验基线期趋势，p=0.105，则表示不需要进行基线期校正（见图 3-23）。第三步，点击"Tau（No Baseline Correction）"，就可以得到效应量为 0.690（见图 3-23）。如果需要进行基线期校正，第三步则点击"Baseline Corrected Tau"，就可以获得相应的结果（见图 3-24）。该网页还提供了计算基线期校正 Tau 的 R 代码（Tarlow, 2017b）。

PHASE A (BASELINE)	PHASE B (TREATMENT)
40	40
40	50
40	50
40	60
30	60
30	70
	80
	70
	80
	90
	90
	90

图 3-22　输入数据

Test for Baseline Trend

Baseline Trend:

- Tau = -0.730, *p* = 0.105

Recommended Effect Size:

- **Tau (No Baseline Correction)**; do not reject null hypothesis of stable baseline

Baseline Corrected Tau | Tau (No Baseline Correction)

Effect Size:

- Tau = 0.690, *p* = 0.001 (SE_{Tau} = 0.241)

See Additional Output

```
PHASE A (BASELINE): 40,40,40,40,30,30
PHASE B (EXP)      : 40,50,50,60,60,70,80,70,80,90,90,90
Theil-Sen coefficients: a (int) = , b =
PHASE A - CORRECTED:
PHASE B - CORRECTED:
END OF OUTPUT
```

图 3-23　无基线期校正 Tau

Test for Baseline Trend

Baseline Trend:

- Tau = -0.730, *p* = 0.105

Recommended Effect Size:

- **Tau (No Baseline Correction)**; do not reject null hypothesis of stable baseline

Baseline Corrected Tau | Tau (No Baseline Correction)

Effect Size:

- Baseline Corrected Tau = 0.688, *p* = 0.001 (SE_{Tau} = 0.242)

See Additional Output

```
PHASE A (BASELINE): 40,40,40,40,30,30
PHASE B (EXP)      : 40,50,50,60,60,70,80,70,80,90,90,90
Theil-Sen coefficients: a (int) = 43.0000, b = -2.0000
PHASE A - CORRECTED: -1.0000,1.0000,3.0000,5.0000,-3.0000,-1.0000
PHASE B - CORRECTED: 11.0000,23.0000,25.0000,37.0000,39.0000,51.0000,63.0000,55.0000,67.0000,79.0000,81.0000,83.0000
END OF OUTPUT
```

图 3-24　基线期校正 Tau

效应量的种类很多，随着单一被试设计的发展，还会出现更多的效应量。在实际应用中，可以同时报告多种效应量，为干预效果提供多样化的证据。

第4章　R 程序包 SCDA 的基础应用 |

R 程序包 SCDA 可以通过语句操作和菜单操作分析单一被试设计的数据（Bulté，Onghena，2013；Bulté，Onghena，2019）。在基础应用部分主要介绍程序包的安装与调用、数据输入、视觉分析和效应量计算。SCDA 还有专门的网页应用程序，即 Shiny SCDA（2.8 版本），无须输入代码，具有更强大的视窗操作功能。除了多样化的操作方式，丰富的视觉分析也是它的优势所在。但是它能计算的效应量种类比较有限。

1.　安装与调用

首先，安装 R Commander 程序包，语句如下。

install.packages("Rcmdr", dependencies=TRUE)

参数 dependenciesd 的默认状态为 FALSE。如果设置为 TRUE，就会把运行程序包 Rcmdr 所需要的其他程序包也一并下载下来。调用 Rcmdr 的语句如下。

library(Rcmdr)

出现了 R commander 窗口。在 R 语法文件窗口，输入安装 SCDA 程序包的语句，语句如下。

install.packages("RcmdrPlugin.SCDA")

点击"工具"菜单，选择"载入 R 程序包"，然后选择"RcmdrPlugin.SCDA"。这时在工具菜单的左侧出现 SCDA。

使用时，选择"载入 Rcmdr 插件"即可。使用 SCDA，可以进行菜单操作，也可以进行语句操作，当然还可以综合使用两种操作。

2. 数据输入

2.1 从外部文件读入

按照一个个体对应一个数据文件的原则导入数据 studyaw.csv 和 studyat. csv。

与程序包 scan 相比，程序包 SCDA 对数据输入的要求更高一些，变量顺序必须保持固定。而程序包 scan 可以改变变量的顺序。

使用 R 语言时，需要考虑程序包对数据的格式要求。使用程序包 SCDA 时，需要将 ABA 设计的各个阶段标记为 A1、B1 和 A2（见图 4-1 和图 4-2）。如果标记为 A、B 和 A，就不能正确绘制图形。

【data】studyaw.csv

	A	B
1	phase	values
2	A1	40
3	A1	40
4	A1	40
5	A1	40
6	A1	30
7	A1	30
8	B1	40
9	B1	50
10	B1	50
11	B1	60
12	B1	60
13	B1	70
14	B1	80
15	B1	70
16	B1	80
17	B1	90
18	B1	90
19	B1	90
20	A2	80
21	A2	80
22	A2	90
23	A2	80
24	A2	80
25	A2	80

图 4-1　studyaw.csv 数据样例

【data】studyat.csv

	A	B
1	phase	values
2	A1	20
3	A1	10
4	A1	10
5	A1	10
6	A1	10
7	A1	10
8	B1	20
9	B1	30
10	B1	40
11	B1	30
12	B1	40
13	B1	60
14	B1	70
15	B1	60
16	B1	70
17	B1	80
18	B1	80
19	B1	80
20	A2	60
21	A2	70
22	A2	60
23	A2	70
24	A2	70
25	A2	70

图 4-2　studyat.csv 数据样例

　　在 R Commander 窗口，可以通过语句操作或菜单操作读入数据。

2.1.1　语句操作

　　运用以下语句读入被试 W 和被试 T 的数据。

studyw <-read.table("C:/Users/xhwan/

Documents/···/studyaw.csv", header=TRUE, stringsAsFactors=TRUE, sep=",",

na.strings="NA", dec=".", strip.white=TRUE)

studyt <-read.table("C:/Users/xhwan/

Documents/···/studyat.csv", header=TRUE, stringsAsFactors=TRUE, sep=",",

na.strings="NA", dec=".", strip.white=TRUE)

2.1.2　菜单操作

　　程序包 SCDA 的优势就是，可以借助 R Commander 进行菜单操作。在 R Commander 窗口点击"数据"菜单，选择"导入数据"，再点击"导入文本文件、剪贴板或 URL 文件"。进入"读取文本文件、剪贴板或 URL 文件"窗口后，点击"逗号 [，]"选项，最后点击下方的"√ OK"按钮。这样就可以直接读入 .csv 数据文件。SCDA 数据输入的菜单操作见图 4-3。

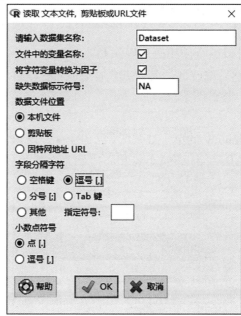

图 4-3　SCDA 数据输入的菜单操作

2.2　SCDA 语句直接输入数据

R 程序包 SCDA 可以直接输入数据，语句如下。

w <- c(40, 40, 40, 40, 30, 30, 40, 50, 50, 60, 60, 70, 80, 70, 80, 90, 90, 90, 80, 80, 90, 80, 80, 80)

labels <- c("A1", "A1", "A1", "A1", "A1", "A1", "B1", "B1", "B1", "B1","B1", "B1", "B1","B1", "B1", "B1","B1", "B1", "A2", "A2","A2", "A2", "A2","A2")

studyw <- data.frame(labels, w)

t <- c(20, 10, 10, 10, 10, 10, 20, 30, 40, 30, 40, 60, 70, 60, 70, 80, 80, 80, 60,

70, 60, 70, 70, 70)
labels <- c("A1", "A1", "A1", "A1", "A1", "A1", "B1", "B1", "B1", "B1","B1",
"B1", "B1","B1", "B1", "B1","B1", "B1", "B1","B1", "A2", "A2","A2", "A2", "A2","A2")
studyt <- data.frame(labels, t)

3. 视觉分析

3.1 原图

与 scan 不同的是，SCDA 需要分别绘制两名被试的图形。

绘图同样可以使用语句操作和菜单操作。语句操作可以修改横坐标和纵坐标的名称。菜单操作默认的坐标名称是"measurement times"（测量次数）和"scores"（阅读分数）。

实际使用时，可以综合使用语句操作和菜单操作。先进行菜单操作，获得默认的运行语句。然后修改此语句，如增加坐标名称。再运行新的语句操作，就可以获得新的单一被试图了。

3.1.1 语句操作

运用语句绘制被试 W 的单一被试图（见图 4-4），语句如下。

graph(design="ABA", data=studyw, xlab=" 测量次数 ", ylab=" 阅读分数 ")

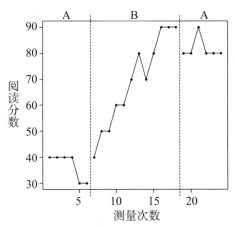

图 4-4　被试 W 的单一被试图

如果不对横坐标和纵坐标进行界定，也就是去除相应的部分（xlab="测量次数"，ylab="阅读分数"），则默认的横坐标、纵坐标名称分别为"measurement times"和"scores"。

3.1.2 菜单操作

先打开 R Commander 窗口，然后点击"SCDA"菜单，进一步点击

"SCVA"，再选择 "Graphical display ..."。

打开 Graphical display 窗口之后，选择设计类型 "ABA Phase Design"（ABA 设计），点击 "√ OK" 按钮，就可以得出被试 W 的单一被试图（见图 4-6）。SCDA 绘制图形的菜单操作见图 4-5。

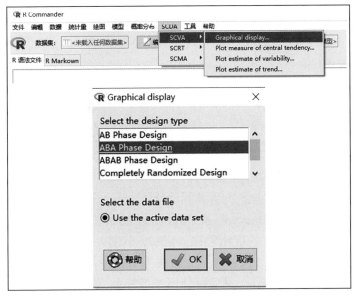

图 4-5　SCDA 绘制图形的菜单操作

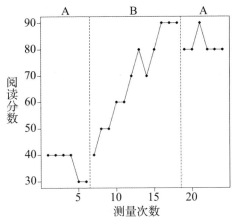

图 4-6　被试 W 的单一被试图

运用语句绘制被试 T 的单一被试图（见图 4-7），语句如下。

```
graph(design="ABA", data=studyt, xlab=" 测量次数 ", ylab=" 阅读分数 ")
```

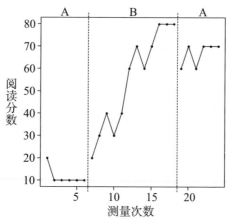

图 4-7　被试 T 的单一被试图

3.1.3　Shiny SCDA 网页应用程序操作

比利时鲁汶大学的多位研究者共同设计了 Shiny SCDA 网页应用程序（2.8版本）（De，Michiels，Vlaeyen，& Onghena，2020）。Shiny 本身就是一款 R程序包，用于开发交互式的应用程序。Shiny SCDA 将 SCDA 的三个程序包（SCRT、SCVA 和 SCMA）包装成一个网页应用程序，使用者可以通过网页交互的方式进行无代码的操作。从实际使用效果来看，数据读入更加便捷。网页提供了多种选项，只需要点击鼠标就可以完成相应的操作。进行视觉分析时还可以绘制交互式的图形。光标所到之处会显示具体的数据信息。

进入 Shiny SCDA 网页应用程序界面（见图 4-8）以后，如果一定时间内不操作，网页界面就会显示与服务器失去联系，那么需要重新进入网页。

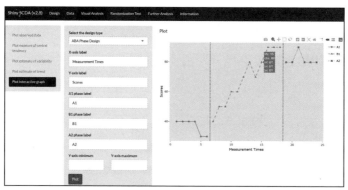

图 4-8　Shiny SCDA 的网页应用程序界面

在运用 SCDA 分析单一被试设计的数据时，可以在 R Commander 界面进行语句操作，也可以进行菜单操作，还可以使用 Shiny SCDA 网页应用程序。使用者可以结合自己的兴趣与偏好选择操作方式。

3.2　增加辅助线（各阶段平均数）

在单一被试图上增加各个阶段的平均数辅助线。这里采用语句操作，同样可以借助 R Commander 进行菜单操作。

绘制被试 W 的图形，同时增加各个阶段的平均数辅助线（见图 4-9），语句如下。

graph.CL(design = "ABA", CL = "mean", data = studyw, xlab=" 测量次数 ", ylab=" 阅读分数 ")

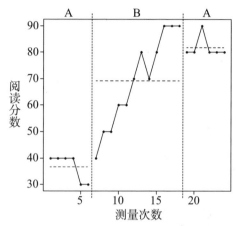

图 4-9　被试 W 的单一被试图（增加各阶段平均数辅助线）

绘制被试 T 的图形，同时增加各个阶段平均数辅助线（见图 4-10），语句如下。

graph.CL(design = "ABA", CL = "mean", data = studyt, xlab=" 测量次数 ", ylab=" 阅读分数 ")

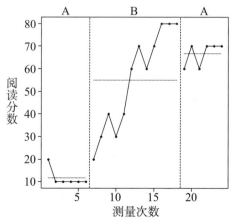

图 4-10　被试 T 的单一被试图（增加各阶段平均数辅助线）

3.3 增加辅助线（各阶段全距）

在单一被试图上增加各个阶段的最大值和最小值。

绘制被试 W 的图形，同时增加辅助线，表示各个阶段的最大值和最小值（见图 4-11），语句如下。

graph.VAR(design = "ABA", VAR = "RL", dataset = "regular", data = studyw, xlab=" 测量次数 ", ylab=" 阅读分数 ")

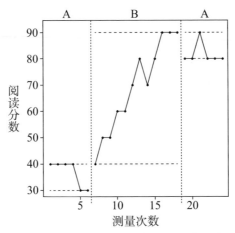

图 4-11　被试 W 的单一被试图（增加各阶段全距辅助线）

绘制被试 T 的图形，同时增加辅助线，表示各个阶段的最大值和最小值（见图 4-12），语句如下。

graph.VAR(design = "ABA", VAR = "RL", dataset = "regular", data = studyt, xlab=" 测量次数 ", ylab=" 阅读分数 ")

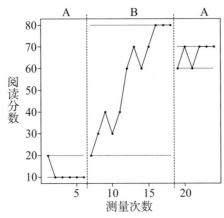

图 4-12　被试 T 的单一被试图（增加各阶段全距辅助线）

3.4　增加辅助线（各阶段趋势性全距）

在单一被试图上增加各个阶段的趋势性全距。

绘制被试 W 的图形，同时增加各个阶段的趋势性全距辅助线（见图 4-13），语句如下。

graph.VAR(design = "ABA", VAR = "TR", dataset = "regular", data = studyw, xlab=" 测量次数 ", ylab=" 阅读分数 ")

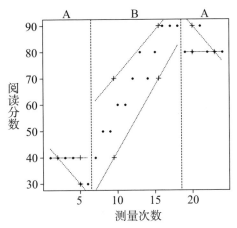

图 4-13　被试 W 的单一被试图（增加各阶段趋势性全距辅助线）

绘制被试 T 的图形，同时增加各个阶段的趋势性全距辅助线（见图 4-14），语句如下。

graph.VAR(design = "ABA", VAR = "TR", dataset = "regular", data = studyt, xlab=" 测量次数 ", ylab=" 阅读分数 ")

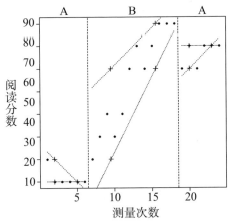

图 4-14　被试 T 的单一被试图（增加各阶段趋势性全距辅助线）

3.5 增加辅助线（各阶段趋势线）

在单一被试图上增加各个阶段的趋势线，即回归线。

绘制被试 W 的图形，同时增加各个阶段的趋势线（见图 4-15），语句如下。

graph.TREND(design = "ABA", TREND = "LSR", data = studyw, xlab=" 测量次数 ", ylab=" 阅读分数 ")

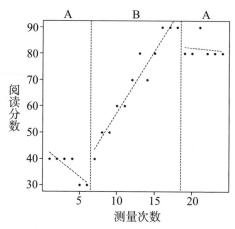

图 4-15 被试 W 的单一被试图（增加各阶段趋势线）

绘制被试 T 的图形，同时增加各个阶段的趋势线（见图 4-16），语句如下。

graph.TREND(design = "ABA", TREND = "LSR", data = studyt, xlab=" 测量次数 ", ylab=" 阅读分数 ")

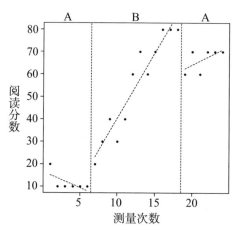

图 4-16 被试 T 的单一被试图（增加各阶段趋势线）

4.　效应量计算

程序包 SCDA 提供的效应量主要为标准化的平均数之差和非重叠效应量。

4.1　标准化的平均数之差

【data】studyaw.csv

4.1.1　菜单操作

先打开 R Commander 窗口，然后点击 "SCDA" 菜单，进一步点击 "SCMA"，再选择 "Calculate effect size ..."。

打开 Effect size 窗口之后，选择设计类型 "ABA Phase Design"（ABA 设计），再选择 "Standardized Mean Difference"（标准化的平均数之差）和 "Pooled Standardized Mean Difference"（汇合的标准化的平均数之差）。SCDA 效应量计算的菜单操作见图 4-17。

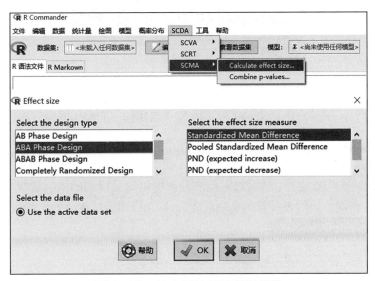

图 4-17　效应量计算的菜单操作

4.1.2　语句操作

语句如下。

ES(design = "ABA", ES = "SMD", data = Dataset)

[1] 0.4181321

ES(design = "ABA", ES = "SMDpool", data = Dataset)

[1] 0.4791296

通过语句操作得到的标准化的平均数之差 SMD=0.4181321 和汇合的标准化的平均数之差 SMDpool=0.4791296。

4.1.3　Shiny SCDA 网页应用程序操作

进入 Shiny SCDA 网页应用程序，运用 Shiny SCDA，可以得到相同的结果（见图 4–18）。

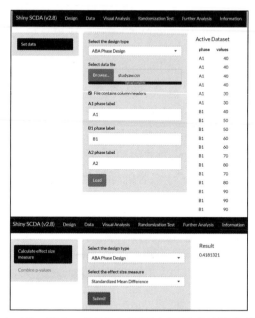

图 4–18　Shiny SCDA 网页应用程序的操作界面

需要注意的是，因为本例的设计类型是 ABA 设计，计算标准化的平均数之差时，将基线期和维持期合并为 A 阶段，而干预期为 B 阶段，然后计算 A 和 B 两个阶段的平均数之差，最后除以标准差。所以这里得到的效应量与 scan、SSD for R 并不相同。后两者计算的是基线期（A1）和干预期（B1）的比较结果。

【data】studyaw2.csv

	A	B	C	D
1	case	phase	values	mt
2	w	A	40	1
3	w	A	40	2
4	w	A	40	3
5	w	A	40	4
6	w	A	30	5
7	w	A	30	6
8	w	A	80	7
9	w	A	80	8
10	w	A	90	9
11	w	A	80	10
12	w	A	80	11
13	w	A	80	12
14	w	B	40	13
15	w	B	50	14
16	w	B	50	15
17	w	B	60	16
18	w	B	60	17
19	w	B	70	18
20	w	B	80	19
21	w	B	70	20
22	w	B	80	21
23	w	B	90	22
24	w	B	90	23
25	w	B	90	24

图 4–19　studyaw2.csv 数据样例

将被试 W 的基线期（A1）和维持期（A2）的数据合并为 A。干预期（B1）改为 B 阶段，生成新的数据文件 studyaw2.csv，数据样例见图 4-19。然后运用程序包 scan 计算标准化的平均数之差。语句如下。

```
library(scan)
study2 <- readSC()
smd(study2)
Standardized mean differences
```

	W
mA	59.167
mB	69.167
sdA	23.916
sdB	17.299
sd cohen	20.871
sd hedges	20.871
Glass' delta	0.418
Hedges' g	0.479
Hedges' g correction	0.463
Hedges' g durlak correction	0.443
Cohen's d	0.479

Glass' delta=0.418

Glass' delta 的计算：两个阶段的平均数之差（69.167−59.167=10）除以基线期的标准差（23.916）。

Hedges' g=0.479

Hedges' g 的计算：两个阶段的平均数之差（69.167−59.167=10）除以 Hedges 标准差（20.871）。

这两个结果与前面的标准化的平均数之差 SMD=0.4181321 和汇合的标准化的平均数之差 SMDpool=0.479129 完全一样。

这就表明，运用 Shiny SCDA 分析 ABA 设计的标准化的平均数之差时，先是将基线期和维持期进行合并，再与干预期进行比较。

在数据文件中合并被试 W 基线期和维持期的数据，然后用新生成的数据文件计算标准化的平均数之差。还可以采用语句来合并两个阶段的数据，并直接计算标准化的平均数之差。语句如下。

```
study$W %>% select_phases(c("A","C"),c("B")) %>% smd()
Standardized mean differences
```

	W
mA	59.167
mB	69.167
sdA	23.916
sdB	17.299
sd cohen	20.871
sd hedges	20.871
Glass' delta	0.418
Hedges' g	0.479
Hedges' g correction	0.463
Hedges' g durlak correction	0.443
Cohen's d	0.479

4.2　非重叠量效应量

【 data 】studyaw.csv

4.2.1　非重叠数据百分比（PND）

非重叠数据百分比的英文名称是 "percentage of non-overlapping data"（简称 PND），指的是干预期与基线期不重叠的数据百分比。计算 PND 的语句如下。

ES(design = "ABA", ES = "PND+", data = Dataset)

[1] 0

4.2.2　超过中位数的数据点百分比（PEM）

超过中位数的数据点百分比的英文名称是 "percentage of data points exceeding the median"（简称 PEM），指的是干预期超过基线期中位数的数据百分比。计算 PEM 的语句如下。

ES(design = "ABA", ES = "PEM+", data = Dataset)

[1] 58.33333

4.2.3　非重叠配对（NAP）

非重叠配对的英文名称是 "nonoverlap of all pairs"（简称 NAP），指的是不重叠的配对在总的配对中所占的比例。

R Commander 的菜单窗口没有 NAP 条目。只有运用 Shiny SCDA，才能得到 NAP 的结果（0.635）（见图 4-20）。

【data】studyaw.csv

| Shiny SCDA (v2.8) | Design | Data | Visual Analysis | Randomization Test | Further Analysis | Information |

Calculate effect size measure

Combine p-values

Select the design type

ABA Phase Design ▼

Select the effect size measure

NAP (expected increase) ▼

Submit

Result

0.6354167

图 4-20　非重叠效应量计算的网页应用程序界面

　　与标准化的平均数之差一样，ABA 设计的非重叠效应量的计算不同于 scan 和 SSD for R 的计算结果。

　　接下来运用 scan 计算相应的非重叠效应量。

【data】studyaw2.csv

计算非重叠效应量的语句如下。

library(scan)

study2 <- readSC()

Load file C:\Users\xhwan\Documents\ 书稿数据 \studyaw2.csv

plot(study2)

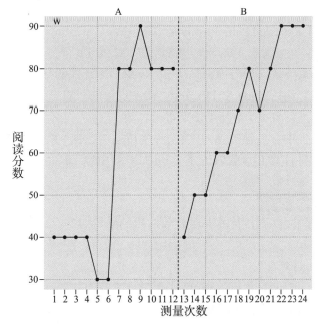

图 4-21　基线期和维持期合并后的被试 W 的单一被试图

通过以下语句可以计算 PND。

pnd(study2)

Percent Non-Overlapping Data

```
  Casc PND Total Excccds
    w   0%   12        0
```

Mean : 0 %

通过以下语句可以计算 PEM。

pem(study2)

Percent Exceeding the Median

```
     PEM positives total binom.p
w 58.333          7    12   0.387
```

Alternative hypothesis: true probability > 50%

通过以下语句可以计算 NAP。

nap(study2)

Nonoverlap of All Pairs

```
  Case NAP Rescaled Pairs Positives   Ties  W      p
     w  64       27  144        83    17  52  0.13
```

这三个非重叠效应量与前面运用 Shiny SCDA 计算的结果完全一样。

这就表明，运用 Shiny SCDA 分析 ABA 设计的非重叠效应量时，先是将基线期和维持期进行合并，再与干预期进行比较。

在数据文件中合并被试 W 基线期和维持期的数据（见图 4-21），然后用新生成的数据文件计算非重叠效应量。还可以采用语句来合并两个阶段的数据，并直接计算非重叠效应量。

【 data 】studya.csv

合并两个阶段并直接计算非重叠效应量的语句如下。

library(scan)

study <- readSC()

study$W %>% select_phases(c("A","C"),c("B")) %>% pnd()

Percent Non-Overlapping Data

Case PND Total Exceeds
　W　0%　12　　　0

Mean : 0 %
study$W %>% select_phases(c("A","C"),c("B")) %>% pem()
Percent Exceeding the Median

　　　PEM positives total binom.p
W 58.333　　　7　12　　0.387

Alternative hypothesis: true probability > 50%
study$W %>% select_phases(c("A","C"),c("B")) %>% nap()
Nonoverlap of All Pairs

Case NAP Rescaled Pairs Positives　Ties　W　　p
　W　64　　　27　144　　　83　17 52 0.13

　　总的来说，SCDA 提供的效应量种类不多。对于 ABA 设计，SCDA 将基线期和维持期合二为一，与干预期进行比较，导致其运算结果不同于程序包 scan 和 SSD for R 的运算结果。

第 5 章　R 程序包 SSD for R 的基础应用

R 程序包 SSD for R 主要通过语句操作分析单一被试设计的数据。在基础应用部分主要介绍程序包的安装与调用、数据输入、视觉分析和效应量的计算。SSD for R 可以提供丰富多样的图形。计算效应量时，只需要运行一个语句就可以得出结果，同时还会生成单一被试图。而 R 程序包 scan 需要运行两个语句。另外，SSD for R 的独特之处在于，在运行语句之后，它会提供一些命令语句的提示，以减轻使用者的记忆负担。该程序包具有较强的互动性，它会在运行过程中询问使用者是否保留绘制的线条或数据等。

1.　安装与调用

安装和调用 R 程序包 SSD for R 的语句如下。

```
install.packages("SSDforR")
library(SSDforR)
载入需要的程序包：psych
载入需要的程序包：TTR
载入需要的程序包：MASS
citation("SSDforR")
 Auerbach C, Zeitlin W (2023). SSDforR: Functions to Analyze Single
 System Data. R package version 1.5.29
```

2.　数据输入

2.1　从外部文件读入

【data】studybw.csv

数据样例见图 5-1。

	A	B
1	phase	values
2	A1	40
3	A1	40
4	A1	40
5	A1	40
6	A1	30
7	A1	30
8	NA	NA
9	B1	40
10	B1	50
11	B1	50
12	B1	60
13	B1	60
14	B1	70
15	B1	80
16	B1	70
17	B1	80
18	B1	90
19	B1	90
20	B1	90
21	NA	NA
22	A2	80
23	A2	80
24	A2	90
25	A2	80
26	A2	80
27	A2	80

图 5-1　studybw.csv 数据样例

　　数据文件 studybw.csv 的两个阶段之间增加了 NA，这样可以保证在绘制图形时，阶段之间没有连线。也就是 A1 阶段的最后一个点与 B1 阶段的第一个点，两者之间没有连线。B1 阶段和 A2 阶段之间也没有连线。具体效果可以参阅视觉分析部分。

　　一般而言，一名被试的数据保存于一个 .csv 文件之中。从外部文件读入数据，语句如下。

Getcsv()

1-Type attach(ssd) in the console and press <RETURN> to begin working with the file

2-Type listnames() to review your variables and press <RETURN>

3-Before opening another file type detach(ssd) and press <RETURN>

----

attach(ssd)

listnames()

[1] "phase" "values"

View(ssd)

运行 View（ssd）可以呈现当前数据文件的具体内容（见图 5-2 ）。

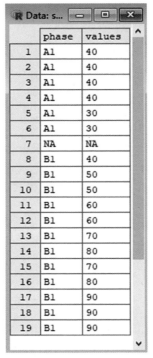

图 5-2　View(ssd) 的结果

2.2　SSD for R 语句直接输入数据

R 程序包 SSD for R 可以直接输入数据。

被试 W 的数据输入语句如下。

values <- c(40, 40, 40, 40, 30, 30, NA, 40, 50, 50, 60, 60, 70, 80, 70, 80, 90, 90, 90, NA, 80, 80, 90, 80, 80, 80)

phase <- c("A1", "A1", "A1", "A1", "A1", "A1", NA, "B1", "B1", "B1",

"B1","B1", "B1", "B1","B1", "B1", "B1","B1", "B1", NA, "A2", "A2","A2",
"A2", "A2","A2")
ssd <- data.frame(values, phase)
ssd

	values	phase
1	40	A1
2	40	A1
3	40	A1
4	40	A1
5	30	A1
6	30	A1
7	NA	<NA>
8	40	B1
……		
26	80	A2

被试 T 的数据输入语句如下。

values <- c(20, 10, 10, 10, 10, 10, NA, 20, 30, 40, 30, 40, 60, 70, 60, 70, 80, 80,
80, NA, 60, 70, 60, 70, 70, 70)
phase <- c("A1", "A1", "A1", "A1", "A1", "A1", NA, "B1", "B1", "B1",
"B1","B1", "B1", "B1","B1", "B1", "B1","B1", "B1", NA, "A2", "A2","A2",
"A2", "A2","A2")
ssd <- data.frame(values, phase)
ssd

	values	phase
1	20	A1
2	10	A1
3	10	A1
4	10	A1
5	10	A1
6	10	A1
7	NA	<NA>
8	20	B1
……		
26	70	A2

直接输入数据时，每次只能输入一名被试的数据。

3. 视觉分析

3.1 原图

视觉分析原图见图 5-3，语句如下。

ABplot(values,phase," 测量次数 "," 阅读分数 "," 被试 W")

1-You can add lines between phases by using the ABlines() function.

2-You can add text by using the ABtext() function.

3-You can add a mean, median, sd line by using the ABstat() function.

4-You can also add a goal line using the Gline() function.

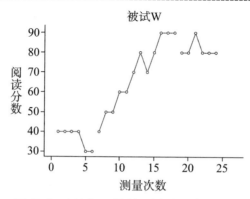

图 5-3　被试 W 的单一被试图（原图）

在三个阶段之间增加分割线（见图 5-4），语句如下。

ABlines(values)

Click the mouse in the gap between the phases you want the line in.

---

accept line? (y/n) y

ABlines(values)

Click the mouse in the gap between the phases you want the line in.

---

accept line? (y/n) y

输入语句后按下回车键，然后将鼠标放置于两个阶段之间，点击后就会出现分割线。如果保留分割线，则输入小写字母 y。如果不保留分割线，则输入小写字母 n。

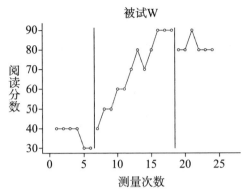

图 5-4　被试 W 的单一被试图（增加分割线）

3.2　增加辅助线（各个阶段平均数）

对三个阶段增加平均数辅助线，需要输入三次语句。对 A1 阶段，输入语句按下回车键后，将鼠标放置于这一阶段的开始处并点击，这时就会出现平均数辅助线。R 窗口会呈现这一阶段的平均数（36.667），并询问"你是否接受这条线？"输入小写字母 y，表示接受，那么线条会留存在图形上。如果输入小写字母 n，表示不接受，那么线条会消失。可以对 B1 阶段和 A2 阶段进行相同操作。

需要注意的是，语句中的阶段值（A1、B1 和 A2）和统计量（mean，即平均数）需要加上引号。语句如下。

ABstat(values,phase,"A1","mean")

Click the mouse in the beginning of the phase you want the line in

----

　　　　　A1

　"mean" "36.667"

accept line? (y/n) y

ABstat(values,phase,"B1","mean")

Click the mouse in the beginning of the phase you want the line in

----

　　　　　B1

　"mean" "69.167"

accept line? (y/n) y

ABstat(values,phase,"A2","mean")

Click the mouse in the beginning of the phase you want the line in

----

         A2

 "mean" "81.667"

accept line? (y/n) y

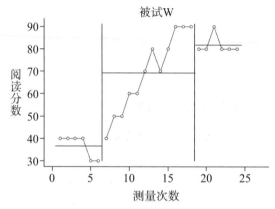

图 5-5　被试 W 的单一被试图（增加各阶段平均数辅助线）

从图 5-5 可以看出，三个阶段的平均数呈上升趋势。

在后面计算效应量 Gindex 和进行卡方检验时，也会出现基线期平均数的辅助线图。

如果将语句中的 mean 改成 median（中位数），那么可以绘制各个阶段的中位数辅助线。

3.3　增加辅助线（某个阶段标准差）

增加辅助线的方法有两种。其中一种方法无法绘制标准差的辅助线，但是可以计算每个阶段的标准差。A1 阶段的标准差为 5.164，B1 阶段的标准差为 17.299，A2 阶段的标准差为 4.082。语句如下。

ABplot(values,phase," 测量次数 "," 阅读分数 "," 被试 W")

ABlines(values)

ABstat(values,phase,"A1","sd")

Click the mouse in the beginning of the phase you want the line in

----

         A1

"sd" "5.164"

accept line? (y/n) n

ABstat(values,phase,"B1","sd")

Click the mouse in the beginning of the phase you want the line in

----

        B1

"sd" "17.299"

accept line? (y/n) y

ABstat(values,phase,"A2","sd")

Click the mouse in the beginning of the phase you want the line in

----

        A2

"sd" "4.082"

accept line? (y/n) n

另一种方法可以绘制某个阶段平均数上下 1 个标准差的辅助线。同时还可以获得这个阶段的标准差、平均数及平均数上下 1 个标准差的范围值。语句如下。

SD1(values,phase,"A1"," 测量次数 "," 阅读分数 "," 被试 W")

[1] "SD"　"5.16" "+1SD" "41.83" "mean" "36.67" "-1SD" "31.5"

ABlines(values)

Click the mouse in the gap between the phases you want the line in.

----

accept line? (y/n) y

ABlines(values)

Click the mouse in the gap between the phases you want the line in.

----

accept line? (y/n) y

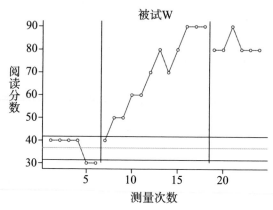

图 5-6　被试 W 的单一被试图（增加基线期平均数上下 1 个标准差辅助线）

从图 5-6 可以看出，在干预期，只有 1 个数据落在基线期平均数上下 1 个标准差的范围内。

同样也可以绘制基线期平均数上下 2 个标准差的辅助线（见图 5-7），语句如下。

SD2(values,phase,"A1"," 测量次数 "," 阅读分数 "," 被试 W")

[1] "SD"　"5.16" "+2SD" "46.99" "mean" "36.67" "-2SD" "26.34"

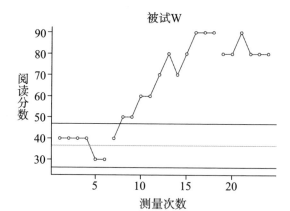

图 5-7　被试 W 的单一被试图（增加基线期平均数上下 2 个标准差辅助线）

同样，将语句中的 A1 改为 B1，也可以绘制干预期平均数上下 1 个标准差的范围（见图 5-8），语句如下。

SD1(values,phase,"B1"," 测量次数 "," 阅读分数 "," 被试 W")

[1] "SD"　"17.3" "+1SD" "86.47" "mean" "69.17" "-1SD" "51.87"

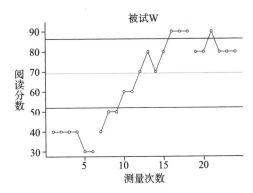

图 5-8　被试 W 的单一被试图（增加干预期平均数上下 1 个标准差辅助线）

3.4　增加辅助线（各个阶段趋势线）

对数据进行回归分析时，可以绘制趋势线（即回归线）。但是只能同时绘制两个阶段的回归线，可以进行三次回归分析，具体来说就是 A1 和 B1 的组合、A1 和 A2 的组合及 B1 和 A2 的组合（见图 5-9 至图 5-11）。三次回归分析的语句和相应图形分别如下。

ABregres(values,phase,"A1","B1")

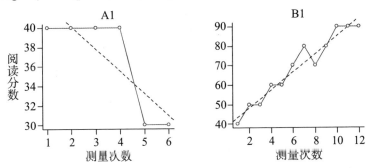

图 5-9　被试 W 的单一被试图（增加 A1 和 B1 的趋势线）

ABregres(values,phase,"A1","A2")

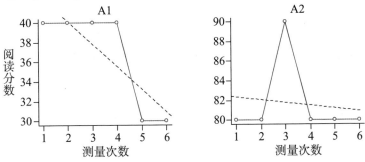

图 5-10　被试 W 的单一被试图（增加 A1 和 A2 的趋势线）

ABregres(values,phase,"B1","A2")

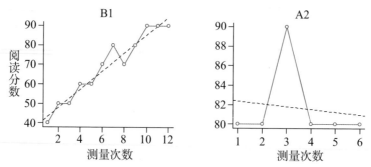

图 5-11　被试 W 的单一被试图（增加 B1 和 A2 的趋势线）

运用 R 程序包 SSD for R 进行自相关检验，可以获得相应的回归线图形。这里只列出了基线期自相关检验获得的图形（见图 5-12）。第 8 章将会详细介绍自相关检验。

自相关检验的语句如下。

ABrf2(values,phase,"A1")

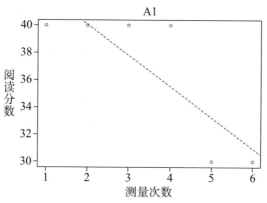

图 5-12　自相关检验的 A1 回归线

同样，对于被试 T 的数据，可以参考被试 W 的数据分析方法，从外部文件读入，并绘制单一被试图（见图 5-14）和相应的辅助线（见图 5-15 至图 5-18）。

【data】studybt.csv

数据样例见图 5-13。

	A	B
1	phase	values
2	A1	20
3	A1	10
4	A1	10
5	A1	10
6	A1	10
7	A1	10
8	NA	NA
9	B1	20
10	B1	30
11	B1	40
12	B1	30
13	B1	40
14	B1	60
15	B1	70
16	B1	60
17	B1	70
18	B1	80
19	B1	80
20	B1	80
21	NA	NA
22	A2	60
23	A2	70
24	A2	60
25	A2	70
26	A2	70
27	A2	70

图 5-13　studybt.csv 数据样例

需要注意的是，更换数据时需要运行语句 detach（ssd），语句如下。

```
detach(ssd)

Getcsv()
```

```
1-Type attach(ssd) in the console and press <RETURN> to begin working with
the file
2-Type listnames() to review your variables and press <RETURN>
3-Before opening another file type detach(ssd) and press <RETURN>
```

```
attach(ssd)
ABplot(values,phase," 测量次数 "," 阅读分数 "," 被试 T")
```

```
1-You can add lines between phases by using the ABlines() function.
2-You can add text by using the ABtext() function.
3-You can add a mean, median, sd line by using the ABstat() function.
4-You can also add a goal line using the Gline() function.
```

ABlines(values)

Click the mouse in the gap between the phases you want the line in.

---

accept line? (y/n) y

ABlines(values)

Click the mouse in the gap between the phases you want the line in.

---

accept line? (y/n) y

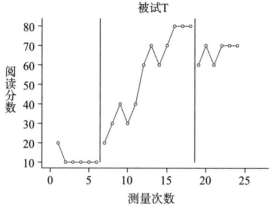

图 5-14 被试 T 的单一被试图

对三个阶段增加平均数辅助线（见图 5-15），语句如下。

ABstat(values,phase,"A1","mean")

Click the mouse in the beginning of the phase you want the line in

---

        A1

 "mean" "11.667"

accept line? (y/n) y

ABstat(values,phase,"B1","mean")

Click the mouse in the beginning of the phase you want the line in

---

B1

"mean"　"55"

accept line? (y/n) y

ABstat(values,phase,"A2","mean")

Click the mouse in the beginning of the phase you want the line in

----

A2

"mean" "66.667"

accept line? (y/n) y

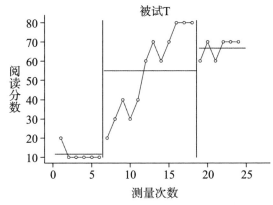

图 5-15　被试 T 的单一被试图（增加各阶段平均数辅助线）

对 A1 阶段和 B1 阶段增加趋势线（见图 5-16），语句如下。

ABregres(values,phase,"A1","B1")

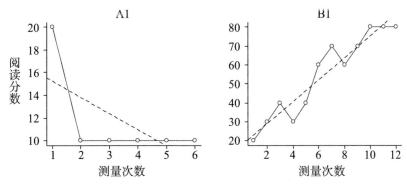

图 5-16　被试 T 的单一被试图（增加 A1 和 B1 的趋势线）

对 A1 阶段和 A2 阶段增加趋势线（见图 5-17），语句如下。

ABregres(values,phase,"A1","A2")

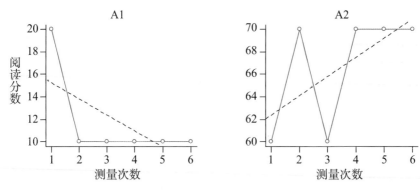

图 5-17　被试 T 的单一被试图（增加 A1 和 A2 的趋势线）

对 B1 阶段和 A2 阶段增加趋势线（见图 5-18），语句如下。

ABregres(values,phase,"B1","A2")

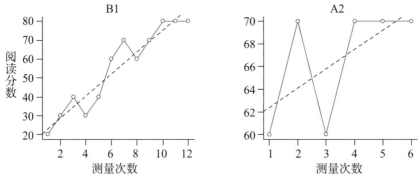

图 5-18　被试 T 的单一被试图（增加 B1 和 A2 的趋势线）

4.　效应量计算

效应量是干预效果的量化指标，通过基线期和干预期的对比，确定研究对象在干预前后发生的变化。另外在元分析中，效应量也是进行数据汇总的一个重要依据。效应量种类很多，有标准化的平均数之差和非重叠效应量等，也可以通过回归分析计算效应量。根据基线期的回归线预测干预期的可能结果，干预期的实际结果与预测值的差异就是效应量。有的效应量是固定的值，有的效应量会随着时间的变化而变化。SSD for R 不仅可以提供效应量的值，还提供评价标准，并且在计算非重叠效应量的同时报告单一被试图。

4.1　标准化的平均数之差

计算标准化的平均数之差的语句如下。

library(SSDforR)

Getcsv()

1-Type attach(ssd) in the console and press <RETURN> to begin working with the file

2-Type listnames() to review your variables and press <RETURN>

3-Before opening another file type detach(ssd) and press <RETURN>

----

attach(ssd)

Effectsize(values,phase,"A1","B1")

(s)ave, (a)ppend, or (n)either results? (s/a or n) s

Enter a behavior variable label reading

	[运行结果]
small effect size: <.87	将效应量划分为三个等
medium effect size: .87 to 2.67	级，即低效应量、中等效
large effect size: >2.67	应量和高效应量，并列出
	了取值范围

```
*******************ES*********************************
                    B1                    B1
"ES=      "   "6.2936"   "% change="      "50"


     lower  effect   upper
B1 3.905073 6.2936 8.647515
****************d-index***********************
                    A1                    A1
"d-index= "   "2.22133"   "% change="      "-48.68"


      lower    effect      upper
A1 -3.441844 -2.22133 -0.9576722
****************Hedges' g*********************
                    A1                    A1
```

"Hedges' g="   "2.11527" "% change="   "-48.28"

```
          lower     effect     upper
A1 0.8739325 2.11527 3.314052
```

*****************Pearson's r***************************

[1] 0.743

*****************R-squared*************************

[1] 0.552

运行语句之前，最好先新建一个空文件 effectsize.csv，然后关闭。该文件用于保存计算的效应量 ES。第一次选择"save"，输入"s"。接着，输入变量标签"reading"并打开 effectsize.csv。如果要将结果添加到文件中，那么可以选择"append"，输入"a"。接着，输入变量标签"read2"并打开 effectsize.csv 两次。effectsize.csv 数据样例见图 5–19。

【data】effectsize.csv

	A	B	C
1	ES	V	Label
2	-2.22133	214.0625	reading
3	-2.22133	214.0625	read2

图 5–19 effectsize.csv 数据样例

计算三个标准化的平均数之差 ES、d-index 和 Hedges' g。

ES 的计算方法是用两个阶段的平均数之差（69.167–36.667=32.5）除以基线期的标准差（5.164）。ES=6.2936，高于 2.67，说明效应量达到了高水平。

d-index 的计算方法是用两个阶段的平均数之差（69.167–36.667=32.5）除以汇合的标准差（14.63）。d-index= 2.22133，处于 0.87 和 2.67 之间，说明效应量达到了中等水平。

Hedges' g 实际上是对小样本进行校正。也就是 d-index 乘以一个校正系数 [1-3/（4（m+n）-9）]，其中 m 是基线期的测量次数（6），n 是干预期的测量次数（12）。Hedges' g=2.11527，处于 0.87 和 2.67 之间，说明效应量达到了中等水平。

如前文所说，对于 ABA 设计而言，SCDA 程序包计算的标准化的平均数之差不同于 scan 和 SSD for R。这里将对 SSD for R 与 scan 的标准化平均数之差进行对比分析（见表 5–1）。

表 5-1　SSD for R 与 scan 的标准化平均数之差

SSD for R	scan	说明

ES=6.2936	Glass' delta= 6.29 #smd()
	SMD=6.29 # overlap()
		分母为 A 阶段的标准差

d-index=2.22133	Hedges' g=2.22 #smd()	分母为 "sd Hedges"，即汇合标准差 14.63
Hedges' g=2.11527	Hedges' g correction =2.12 #smd() Hedges' g=2.12 #overlap()	对小样本进行了校正 $[1-3/(4(m+n)-9)]*$ 平均数差 / 汇合标准差 $[1-3/(4(m+n)-9)]*$ Hedges' g #smd() 计算的 Hedges' g
无	Cohen's d =2.55 #smd()	分母为 "sd cohen"，也就是两个阶段的方差相加除以 2，再开根号

从表 5-1 可以看出，描述同一效应量，不同的程序包使用了不同的术语。如第一行中，三个不同的术语（ES、Glass' delta 和 SMD）都表示标准化的平均数之差。相同的术语名称在不同的程序包中表示不同的意思。Hedges' g 在 scan 中表示汇合的标准化平均数之差，而在 SSD for R 中表示汇合的标准化平均数之差的校正值。使用者在报告效应量时需要说明所使用的程序包及语句。

4.2　非重叠效应量

4.2.1　非重叠数据百分比（PND）

非重叠数据百分比的英文名称是 "percentage of non-overlapping data"（简称 PND），指的是干预期与基线期不重叠的数据百分比。

通过以下语句可以计算 PND。

PNDabove(values,phase,"A1","B1")

[1] "PND Above = " "0.92"

.90 or above = very effective

.70 to .89 = moderate effectiveness

.50 to .69 = debatable effectiveness

 below .50 = not effective

对自闭症儿童进行阅读干预研究，预期阅读分数会有所提升，效应量计算语句中使用"PNDabove()"。如果对自闭症儿童进行问题行为干预，预期问题行为减少，那么效应量计算语句中使用"PNDbelow()"。

在计算效应量时，SSD for R 的第一个特色在于，运行结果提供了效应量效果判断的经验标准，为分数的解释提供了便利。第二个特色在于，报告效应量数值的同时呈现带有辅助线的单一被试图，帮助使用者更好地了解效应量蕴含的信息。而运用 scan 时，计算效应量只是获得具体数值，如果想获得图形，需要另外运行专门的语句。

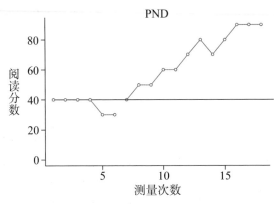

图 5-20　被试 W 阅读干预的单一被试图（增加基线期最大值辅助线）

从图 5-20 来看，辅助线表示基线期的最大值。干预期有 12 个数据，其中 11 个数据在辅助线之上，则 PND 等于 0.92（即 11/12≈0.92）。根据经验标准，可以判定干预非常有效。

如果干预期的数据小于基线期，那么可以使用如下语句。

PNDbelow(values,phase,"A1","B1")

4.2.2　超过中位数的数据点百分比（PEM）

超过中位数的数据点百分点的英文名称是"percentage of data points exceeding the median"（简称 PEM），指的是干预期超过基线期中位数的数据百分比。

通过以下语句可以计算 PEM。

PEMabove(values,phase,"A1","B1")

[1] "PEM Above = " "0.92"

.90 or above = very effective

.70 to .89 = moderate effectiveness

.50 to .69 = debatable effectiveness

below .50 = not effective

被试 W 的 PEM 为 0.92，表示阅读干预达到了非常有效的水平。单一被试图中绘制了基线期中位数辅助线（见图 5-21）。

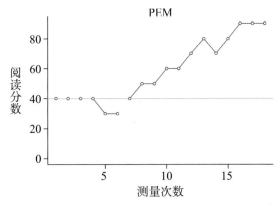

图 5-21　被试 W 阅读干预的单一被试图（增加基线期中位数辅助线）

如果干预期的数据小于基线期，那么可以使用如下语句。

PEMbelow(values,phase,"A1","B1")

4.2.3　所有非重叠数据百分比（PAND）

所有非重叠数据百分比的英文名称是 "percentage of all non-overlapping data"（简称 PAND），指的是所有不重叠数据所占的百分比。

通过以下语句可以计算 PAND。

PANDabove(values,phase,"A1","B1")

```
         ES           Est
1 PAND     0.9444444

-------------------------------------------
.90 or above = very effective
.70 to .89 = moderate effectiveness
.50 to .69 = debatable effectiveness
 below .50 = not effective

-------------------------------------------
```

被试 W 的 PAND 为 0.9444444，表示阅读干预达到了非常有效的水平。单一被试图中绘制了基线期最大值辅助线（见图 5-22）。

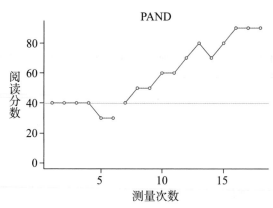

图 5-22　被试 W 阅读干预的单一被试图（增加基线期最大值辅助线）

如果干预期的数据小于基线期，那么可以使用如下语句。

PANDbelow(values,phase,"A1","B1")

4.2.4　非重叠配对（NAP）

非重叠配对的英文名称为 "nonoverlap of all pairs"（简称 NAP），指的是不重叠的配对在总的配对中所占的比例（Parker & Vannest，2009）。

通过以下语句可以计算 NAP。

NAPabove(values,phase,"A1","B1")

```
      ES      Est          SE  CI_lower CI_upper
1 NAP 0.9722222 0.03199138 0.7142615 0.997588

-------------------------------------------

.93 or above = very effective

.66 to .92 = moderate effectiveness

 below .66 = not effective

-------------------------------------------


(s)ave, (a)ppend, or (n)either results? (s/a or n) n
```

被试 W 的 NAP 为 0.9722222，表示阅读干预达到了非常有效的水平。单一被试图没有添加任何辅助线（见图 5-23）。

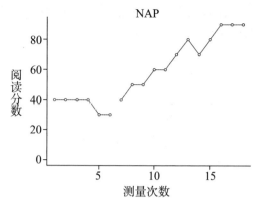

图 5-23 被试 W 阅读干预的单一被试图（NAP 的计算）

对于 ABA 设计而言，无论是标准化的平均数之差还是非重叠效应量，运用 SSD for R 计算的结果与 scan 完全相同。

4.3 特有效应量

4.3.1 Gindex

Gindex 是 SSD for R 程序包特有的效应量。

根据被试 W 基线期的数据绘制平均数线、中位数线和回归线。对被试 W 进行阅读干预，如果预期可以提升阅读分数，则期望区域位于线条的上方。

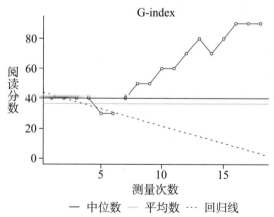

图 5-24 被试 W 阅读干预的单一被试图（Gindex 的计算）

对平均数线而言，干预期的 12 个点都高于平均数线，则比率为 1。基线期 6 个点中有 4 个点高于平均数线，则比率为 4/6（见图 5-24）。Gindex 等于 0.333（即 1-4/6=1/3≈0.333）。效应量处于中等水平。

对中位数线而言，干预期 12 个点中有 11 个高于中位数线，则比率为

11/12。基线期 6 个点中没有任何一个点高于中位数线，则比率为 0（见图 5-24）。Gindex 等于 0.917（即 11/12-0≈0.917）。效应量处于高水平。

对回归线而言，干预期的 12 个点都高于回归线，则比率为 1。基线期 6 个点中有 2 个点高于回归线，则比率为 2/6（见图 5-24）。Gindex 等于 0.667（即 1-2/6≈0.667）。效应量处于高水平。

如果基线期的数据呈现趋势特点，则选用回归线计算 Gindex。如果基线期没有趋势特点，那么可以采用平均数线或中位数线计算 Gindex。

通过以下语句可以计算 Gindex。

Gindex(values,phase,"A1","B1")
small effect size: < & =.3
medium effect size: .31 to .5
large effect size: > & =.51

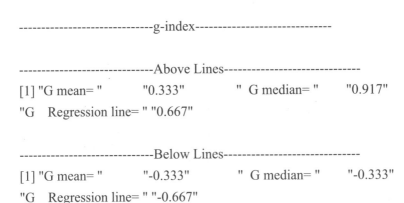

-----------------------------g-index-----------------------------

-----------------------------Above Lines-----------------------------
[1] "G mean= "   "0.333"   " G median= "   "0.917"
"G   Regression line= " "0.667"

-----------------------------Below Lines-----------------------------
[1] "G mean= "   "-0.333"   " G median= "   "-0.333"
"G   Regression line= " "-0.667"

4.3.2 增长率之差 IRD

IRD 是 SSD for R 程序包特有的效应量。英文名称是 "improvement rate difference"，表示两个阶段增长比率之差（Parker, Vannest, & Brown, 2009）。

通过以下语句可以计算 IRD。

IRDabove(values,phase,"A1","B1")
[1] Est = 87.5 %

10th percentile = 36.8
25th percentile = 47.9
50th percentile = 71.8
75th percentile = 89.8
90th percentile = 99.9

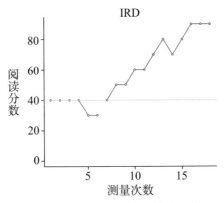

图 5-25　被试 W 阅读干预的单一被试图（IRD 的计算）

结合图 5-25 分析 IRD 的计算，从两个阶段去除最小的点数，这样可以保证两个阶段不重叠。

去除干预期第一个点。为了保持平衡，两个阶段平分一下，每个阶段算作 0.5。

干预期的增长比率：（12-0.5）/12

基线期的增长比率：0.5/6

干预期的增长比率 – 基线期的增长比率 =（12-0.5）/12-0.5/6=0.875

如果干预期的数据低于基线期，那么可以使用如下语句。

IRDbelow(values,phase,"A1","B1")

对于跨被试的多基线设计，可以分别计算每名被试的 IRD，然后计算这些 IRD 的平均数。

总的来说，程序包 SSD for R 可以提供多种多样的效应量。另外，仅仅一个语句就可以生成有价值的信息，比如，效应量的判断标准有助于使用者解读结果，带有辅助线的单一被试图有助于使用者更好地理解每种效应量的内涵。

第三部分

R 程序包的特色应用

第 6 章　分段回归分析（R 程序包 scan）

1.　分段回归分析的原理

分段回归分析就是将两个阶段的回归分析融入同一个回归方程。运用水平的改变和斜率的改变来量化干预的效果。

分段回归的公式为：

$$Y_i = \beta_0 + \beta_1 \text{Time}_i + \beta_2 \text{Phase}_i + \beta_3 (\text{Time}_i \times \text{Phase}_i) + e_i$$

效应量就是干预期的估计值减去基线期延伸段的估计值，它会随着测量次数的变化而变化。公式为：

$$\beta_2 + \beta_3 \text{Time}_i$$

分段回归分析一次只能分析一名被试的数据。通常需要进行中心化，将干预期第一个时间点中心化为 0。

分段回归分析的实质表现为，phase=0 和 phase=1 可以得到不同的方程。

以阅读干预项目中被试 W 基线期和干预期的数据为例说明各个系数的含义。

【data】studyaw4.csv　（被试 W 的数据，有 AB 两个阶段）

截距 β_0：42.38。

趋势 β_1：基线期的斜率 -2.286。

水平改变 β_2：14.92，表示 phase=1 和 phase=0 之间的差异，用不同的模型界定，会有不同的结果。如果用 W 模型，结果就是干预期第一个点的值减去基线期延伸到这个点的值。

斜率改变 β_3：6.94，表示干预期和基线期相比斜率的变化量。

马诺洛夫的网页应用程序可以绘制分段回归分析图，直观地展示各个系数的含义（见图 6-1）。

【data】studycw.txt （被试 W 的数据，有 AB 两个阶段）

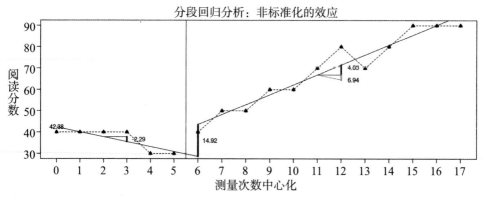

图 6-1　被试 W 阅读干预数据的分段回归分析参数示意图

【data】studyaw4.csv （被试 W 的数据，有 AB 两个阶段）

先读入数据文件，然后进行分段回归分析，语句如下。

studyaw <- readSC()

Load file C:\Users\xhwan\Documents\ 书稿数据 \studyaw4.csv

plm(studyaw)

Piecewise Regression Analysis

Contrast model: W / level = first, slope = first

Fitted a gaussian distribution.

$F_{(3, 14)} = 143.41$; $p = 0.000$; $R^2 = 0.968$; Adjusted $R^2 = 0.962$

	B	2.5%	97.5%	SE	t	p	delta R^2
Intercept	42.381	36.494	48.267	3.003	14.111	0.000	
Trend mt	-2.286	-4.230	-0.341	0.992	-2.304	0.037	0.0120
Level phase B	14.923	6.157	23.689	4.472	3.337	0.005	0.0251
Slope phase B	6.936	4.876	8.996	1.051	6.600	0.000	0.0981

Autocorrelations of the residuals

lag　cr

　1 -0.22

　2 -0.30

　3　0.09

Formula: values ~ 1 + mt + phaseB + interB

2.　分段回归分析的模型

分段回归分析的模型有四种，分别为 W 模型、H-M 模型、B&L-B 模型和 JW 模型。这些模型的差异主要表现在测量次数（time）的赋值及中心化上。假设一个 AB 设计，表 6-1 列出了各个模型的赋值（改编自 Wilbert，2023）。

表 6-1　各模型的测量次数（time）赋值及中心化

阶段 （phase）	水平 （level）	测量次数（time）		测量次数（time）中心化	
		W	H-M 和 B&L-B	W 和 H-M	B&L-B
A	0	0	1	0	0
A	0	1	2	0	0
A	0	2	3	0	0
A	0	3	4	0	0
B	1	4	5	0	1
B	1	5	6	1	2
B	1	6	7	2	3
B	1	7	8	3	4
B	1	8	9	4	5

2.1　W 模型

测量次数（time）的值等于数据中的 tm-1，基线期的第一个数据点标注为 0。分析水平改变时，中心化的点为干预期第一个数据点。

计算水平改变和斜率改变时，默认状态都是将干预期、维持期与基线期（第一个阶段）相比较，也可以通过调整参数加以改变。

〖data〗studya.csv

分段回归分析选用 W 模型，语句如下。

study <- readSC()

Load file C:\Users\xhwan\Documents\ 书稿数据 \studya.csv

Imported 2 cases

plm(study$W)

Piecewise Regression Analysis

Contrast model: W / level = first, slope = first

Fitted a gaussian distribution.

F(5, 18) = 109.90; p = 0.000; R² = 0.968; Adjusted R² = 0.959

	B	2.5%	97.5%	SE	t	p	delta R²
Intercept	42.381	36.372	48.390	3.066	13.824	0.000	
Trend mt	-2.286	-4.270	-0.301	1.013	-2.257	0.037	0.0090
Level phase B	14.923	5.975	23.871	4.565	3.269	0.004	0.0188
Level phase C	81.143	49.616	112.669	16.085	5.045	0.000	0.0448
Slope phase B	6.936	4.833	9.039	1.073	6.465	0.000	0.0737
Slope phase C	2.000	-0.807	4.807	1.432	1.397	0.180	0.0034

Autocorrelations of the residuals

lag   cr

  1 -0.20

  2 -0.27

  3 -0.09

Formula: values ~ 1 + mt + phaseB + phaseC + interB + interC

分段回归分析模型整体显著（F[5，18]=109.90；p=0.000；调整后的 R²=0.959）。从趋势来看，如果没有干预，被试 W 的阅读分数呈现下降态势。第一个干预效果指标是水平变化。干预期与基线期相比较，水平变化值为 14.923，达到了极其显著水平。维持期与基线期相比较，水平变化值为 81.143，达到了极其显著水平，说明维持期上升。第二个干预效果指标是斜率变化。干预期与基线期相比较，斜率变化为 6.936，达到了极其显著水平。干预开始后，呈现持续上升的态势。维持期与基线期相比较，斜率变化为 2.000，没有达到显著水平，随着测量次数增加，被试 W 在维持期的阅读分数变化幅度与基线期相似。被试 W 阅读干预数据的单一被试图增加了分段回归分析辅助线，见图 6-2。

plot(study$W,lines="plm",style="default")

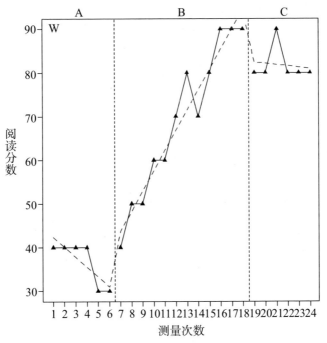

图 6-2　被试 W 阅读干预数据的分段回归分析

2.1.1　斜率的分析

计算三个阶段的斜率，语句如下。

trend(study$W)

Trend for each phase

	Intercept	B	Beta
Linear.ALL	33.667	2.652	0.891
Linear.A	42.381	-2.286	-0.828
Linear.B	43.590	4.650	0.969
Linear.C	82.381	-0.286	-0.131
Quadratic.ALL	45.878	0.102	0.812
Quadratic.A	41.042	-0.477	-0.901
Quadratic.B	53.077	0.382	0.908
Quadratic.C	82.664	-0.109	-0.260

Note. Measurement-times start at 0 for each phase

前面制作辅助线的时候运行过 trend() 语句。这里再次运行，就得到了每个阶段的斜率,将其与分段回归分析的斜率改变联系起来。

基线期的趋势为 -2.286,如果没有干预,那么根据数据的变化情况可以判断,每增加 1 个测量次数,阅读分数会降低 2.286。

与基线期相比,干预期的斜率改变为 6.936=4.650-(-2.286),维持期的斜率改变为 2.000=-0.286-(-2.286)。

2.1.2 更改比较的阶段

计算水平变化和斜率变化时,涉及阶段之间的比较。默认状态时,设置为每个阶段与第一阶段进行比较,也就是与基线期进行比较。另外,也可以设定与前一个阶段进行比较。

通过设定 contrast = c("first","preceding")实现。

进行分段回归分析时,设定每个阶段与前一个阶段进行比较,语句如下。

```
plm(study$W,contrast="preceding")
```

Piecewise Regression Analysis

Contrast model: W / level = preceding, slope = preceding

Fitted a gaussian distribution.
$F(5, 18) = 109.90$; $p = 0.000$; $R^2 = 0.968$; Adjusted $R^2 = 0.959$

	B	2.5%	97.5%	SE	t	p	delta R²
Intercept	42.381	36.372	48.390	3.066	13.824	0.000	
Trend mt	-2.286	-4.270	-0.301	1.013	-2.257	0.037	0.0090
Level phase B	14.923	5.975	23.871	4.565	3.269	0.004	0.0188
Level phase C	-17.013	-24.901	-9.125	4.024	-4.227	0.001	0.0315
Slope phase B	6.936	4.833	9.039	1.073	6.465	0.000	0.0737
Slope phase C	-4.936	-7.039	-2.833	1.073	-4.601	0.000	0.0373

Autocorrelations of the residuals
```
 lag   cr
  1 -0.20
  2 -0.27
  3 -0.09
```

Formula: values ~ 1 + mt + phaseB + phaseC + interB + interC
维持期不再与基线期作比较,而是与干预期作比较。干预期依然与基线期作比较。这里的结果与前面相比，只有维持期（C 阶段）的水平改变和斜率改变发生了变化。

另外，还可以单独设定水平、斜率比较的参照阶段，语句如下。

contrast_level = c(NA, "first", "preceding")

contrast_slope = c(NA, "first", "preceding")

2.2　H–M 模型

time 的值等于数据中的 tm，基线期的第一个数据点标注为 1（只有 W 模型标注为 0）。

分析水平改变时，中心化的点为干预期第一个数据点。

分段回归分析 H–M 模型的语句如下。

plm(study$W,model="H-M")

Piecewise Regression Analysis

Contrast model: H-M / level = first, slope = first

Fitted a gaussian distribution.

$F(5, 18) = 109.90$; $p = 0.000$; $R^2 = 0.968$; Adjusted $R^2 = 0.959$

	B	2.5%	97.5%	SE	t	p	delta R^2
Intercept	44.667	36.937	52.396	3.944	11.327	0.000	
Trend mt	-2.286	-4.270	-0.301	1.013	-2.257	0.037	0.0090
Level phase B	14.923	5.975	23.871	4.565	3.269	0.004	0.0188
Level phase C	81.143	49.616	112.669	16.085	5.045	0.000	0.0448
Slope phase B	6.936	4.833	9.039	1.073	6.465	0.000	0.0737
Slope phase C	2.000	-0.807	4.807	1.432	1.397	0.180	0.0034

Autocorrelations of the residuals

lag　cr

　1 -0.20

　2 -0.27

　3 -0.09

Formula: values ~ 1 + mt + phaseB + phaseC + interB + interC

与 W 模型相比，H–M 模型只有截距发生了变化，其他都没有变化。

2.3　B&L–B 模型

测量次数（time）的值等于数据中的 tm，基线期的第一个数据点标注为 1（只有 W 模型标注为 0）。

分析水平改变时，中心化的点为基线期最后一个数据点。

分段回归分析 B&L–B 模型的语句如下。

plm(study$W,model="B&L-B")

Piecewise Regression Analysis

Contrast model: B&L-B / level = first, slope = first

Fitted a gaussian distribution.

$F(5, 18) = 109.90$; $p = 0.000$; $R^2 = 0.968$; Adjusted $R^2 = 0.959$

	B	2.5%	97.5%	SE	t	p	delta R^2
Intercept	44.667	36.937	52.396	3.944	11.327	0.000	
Trend mt	-2.286	-4.270	-0.301	1.013	-2.257	0.037	0.0090
Level phase B	7.987	0.099	15.875	4.024	1.985	0.063	0.0069
Level phase C	79.143	49.153	109.133	15.301	5.172	0.000	0.0471
Slope phase B	6.936	4.833	9.039	1.073	6.465	0.000	0.0737
Slope phase C	2.000	-0.807	4.807	1.432	1.397	0.180	0.0034

Autocorrelations of the residuals

lag　cr

　1 -0.20

　2 -0.27

　3 -0.09

Formula: values ~ 1 + mt + phaseB + phaseC + interB + interC

与 W 模型相比，B&L–B 模型截距、水平变化的值发生了变化。

B 阶段水平变化：7.987，小于 W 模型的水平改变 14.923。

分析水平改变时，聚焦基线期最后一个数据点。

与 H–M 模型相比，B&L–B 模型只有水平变化的值发生了变化。说明选择不同时间点中心化，会影响水平的变化，但不会影响斜率的变化。

2.4 JW 模型

JW 模型类似于 B&L–B 模型，只是比较的阶段发生了变化。不再与第一阶段作比较，而是后一阶段与相邻的前一阶段进行比较。

分段回归分析 JW 模型的语句如下。

plm(study$W,model="JW")

Piecewise Regression Analysis

Contrast model: B&L-B / level = preceding, slope = preceding

Fitted a gaussian distribution.

$F(5, 18) = 109.90$; $p = 0.000$; $R^2 = 0.968$; Adjusted $R^2 = 0.959$

	B	2.5%	97.5%	SE	t	p	delta R^2
Intercept	44.667	36.937	52.396	3.944	11.327	0.000	
Trend mt	-2.286	-4.270	-0.301	1.013	-2.257	0.037	0.0090
Level phase B	7.987	0.099	15.875	4.024	1.985	0.063	0.0069
Level phase C	-12.077	-21.025	-3.129	4.565	-2.645	0.016	0.0123
Slope phase B	6.936	4.833	9.039	1.073	6.465	0.000	0.0737
Slope phase C	-4.936	-7.039	-2.833	1.073	-4.601	0.000	0.0373

Autocorrelations of the residuals

lag   cr

 1 -0.20

 2 -0.27

 3 -0.09

Formula: values ~ 1 + mt + phaseB + phaseC + interB + interC

model = "JW" 等同于 model = "B&L-B" 加上 contrast = "preceding"。

与 B&L–B 模型相比，JW 模型只有维持期的水平变化和斜率变化的值发生了变化。因为维持期不再与基线期作比较，而是与它相邻的前一阶段即干预期进行比较。

四个模型中，使用得最多的是 W 模型。它也是 scan 的默认模型。

3. 去除参数

分段回归分析可以计算趋势、水平改变和斜率改变。这些参数可以去除一个或两个。是否去除参数,研究者可以根据专业理论或者前人研究作出判断。

3.1 去除趋势

与基线期相比,干预期的水平改变为 6.923,斜率改变为 4.650;维持期的水平改变为 45.714,斜率改变为 −0.286。

去除趋势的语句如下。

plm(study$W,trend=FALSE)

Piecewise Regression Analysis

Contrast model: W / level = first, slope = first

Fitted a gaussian distribution.
$F(4, 19) = 111.97$; $p = 0.000$; $R^2 = 0.959$; Adjusted $R^2 = 0.951$

	B	2.5%	97.5%	SE	t	p	delta R^2
Intercept	36.667	32.930	40.404	1.907	19.231	0.000	
Level phase B	6.923	0.704	13.142	3.173	2.182	0.042	0.0102
Level phase C	45.714	38.108	53.320	3.881	11.780	0.000	0.2972
Slope phase B	4.650	3.885	5.416	0.391	11.907	0.000	0.3037
Slope phase C	-0.286	-2.474	1.902	1.116	-0.256	0.801	0.0001

Autocorrelations of the residuals
 lag   cr
  1 0.03
  2 -0.22
  3 -0.09

Formula: values ~ 1 + phaseB + phaseC + interB + interC

3.2 去除水平改变

趋势为 2.704。与基线期相比,干预期的斜率改变为 1.631;维持期的斜率改变为 −1.920。

去除水平改变的语句如下。

plm(study$W,level=FALSE)

Piecewise Regression Analysis

Contrast model: W / level = first, slope = first

Fitted a gaussian distribution.

$F(3, 20) = 77.35$; p = 0.000; $R^2 = 0.921$; Adjusted $R^2 = 0.909$

	B	2.5%	97.5%	SE	t	p	delta R^2
Intercept	29.786	24.319	35.253	2.789	10.678	0.000	
Trend mt	2.704	2.052	3.356	0.332	8.134	0.000	0.2625
Slope phase B	1.631	0.658	2.603	0.496	3.285	0.004	0.0428
Slope phase C	-1.920	-5.301	1.460	1.725	-1.113	0.279	0.0049

Autocorrelations of the residuals

lag	cr
1	0.35
2	0.00
3	-0.09

Formula: values ~ 1 + mt + interB + interC

3.3　去除斜率改变

趋势为 3.483。与基线期相比，干预期的水平改变为 1.152；维持期的水平改变为 −17.697。

去除斜率改变的语句如下。

plm(study$W,slope=FALSE)

Piecewise Regression Analysis

Contrast model: W / level = first, slope = first

Fitted a gaussian distribution.

$F(3, 20) = 43.67$; p = 0.000; $R^2 = 0.868$; Adjusted $R^2 = 0.848$

	B	2.5%	97.5%	SE	t	p	delta R²
Intercept	27.959	20.729	35.189	3.689	7.579	0.000	
Trend mt	3.483	2.277	4.690	0.616	5.659	0.000	0.2121
Level phase B	1.152	-12.363	14.667	6.896	0.167	0.869	0.0002
Level phase C	-17.697	-41.317	5.924	12.051	-1.468	0.158	0.0143

Autocorrelations of the residuals

```
lag  cr
 1 0.52
 2 0.21
 3 0.00
```

Formula: values ~ 1 + mt + phaseB + phaseC

3.4　去除趋势和水平改变

与基线期相比，干预期的斜率改变为 4.275；维持期的斜率改变为 9.509。去除趋势和水平改变的语句如下。

plm(study$W,trend=FALSE,level=FALSE)

Piecewise Regression Analysis

Contrast model: W / level = first, slope = first

Fitted a gaussian distribution.

$F_{(2, 21)} = 20.22$; $p = 0.000$; $R^2 = 0.658$; Adjusted $R^2 = 0.626$

	B	2.5%	97.5%	SE	t	p	delta R²
Intercept	46.467	38.961	53.974	3.830	12.132	0	
Slope phase B	4.275	2.786	5.764	0.760	5.627	0	0.5154
Slope phase C	9.509	5.538	13.480	2.026	4.693	0	0.3586

Autocorrelations of the residuals

```
lag  cr
 1 0.58
 2 0.31
 3 0.08
```

Formula: values ~ 1 + interB + interC

3.5　去除趋势和斜率改变

与基线期相比，干预期的水平改变为 32.500；维持期的水平改变为 45.000。去除趋势和斜率改变的语句如下。

plm(study$W,trend=FALSE,slope=FALSE)

Piecewise Regression Analysis

Contrast model: W / level = first, slope = first

Fitted a gaussian distribution.

$F_{(2, 21)} = 19.98$; $p = 0.000$; $R^2 = 0.655$; Adjusted $R^2 = 0.623$

	B	2.5%	97.5%	SE	t	p	delta R^2
Intercept	36.667	26.324	47.009	5.277	6.949	0	
Level phase B	32.500	19.833	45.167	6.463	5.029	0	0.4149
Level phase C	45.000	30.374	59.626	7.462	6.030	0	0.5966

Autocorrelations of the residuals

lag　cr

1 0.71

2 0.52

3 0.29

Formula: values ~ 1 + phaseB + phaseC

3.6　去除水平改变和斜率改变

去除水平改变和斜率改变，只能得出趋势的值（2.652），这一结果表明如果测量次数增加一个单位，则被试 W 的阅读分数将增加 2.652。

去除水平改变和斜率改变的语句如下。

plm(study$W,level=FALSE,slope=FALSE)

Piecewise Regression Analysis

Contrast model: W / level = first, slope = first

Fitted a gaussian distribution.

$F_{(1, 22)} = 84.98$; $p = 0.000$; $R^2 = 0.794$; Adjusted $R^2 = 0.785$

	B	2.5%	97.5%	SE	t	p	delta R^2
Intercept	33.667	26.098	41.236	3.862	8.718	0	
Trend mt	2.652	2.088	3.216	0.288	9.218	0	0.7943

Autocorrelations of the residuals

lag cr

1 0.66

2 0.38

3 0.21

Formula: values ~ 1 + mt

3.7 去除趋势、水平改变和斜率改变

同时去除趋势、水平改变和斜率改变这三者,其实是无法运行的。这表明,必须保留其中的一个。

尝试去除趋势、水平改变和斜率改变的语句如下。

plm(study$W,trend=FALSE,level=FALSE,slope=FALSE)

Piecewise Regression Analysis

Contrast model: W / level = first, slope = first

Fitted a gaussian distribution.

$F_{(0, 23)} = NaN$; $p = NaN$; $R^2 = 0.000$; Adjusted $R^2 = 0.000$

Error in apply(ci, 1, function(x) if (!all(is.na(x))) TRUE else FALSE) :
 dim(X) 的值必须是正数

4. 增加自变量

进行分段回归分析时也可以增加自变量,比如干预时,记录被试的情绪状态。分析情绪状态对阅读分数的影响,语句如下。

plm(study$W,update = .~. + mood)

Piecewise Regression Analysis

Contrast model: W / level = first, slope = first

Fitted a gaussian distribution.

F(6, 17) – 89.55; p = 0.000; R² – 0.969; Adjusted R² = 0.959

	B	2.5%	97.5%	SE	t	p	delta R²
Intercept	40.972	33.894	48.049	3.611	11.346	0.000	
Trend mt	-2.112	-4.169	-0.055	1.050	-2.012	0.060	0.0073
Level phase B	13.315	3.362	23.268	5.078	2.622	0.018	0.0124
Level phase C	74.076	37.365	110.786	18.730	3.955	0.001	0.0282
Slope phase B	6.392	3.846	8.938	1.299	4.920	0.000	0.0437
Slope phase C	1.789	-1.102	4.681	1.475	1.213	0.242	0.0027
mood	0.058	-0.092	0.209	0.077	0.762	0.456	0.0010

Autocorrelations of the residuals

lag	cr
1	-0.28
2	-0.27
3	-0.03

Formula: values ~ mt + phaseB + phaseC + interB + interC + mood

情绪状态的回归系数为 0.058，t–0.762，p–0.456，表明情绪状态对阅读分数的影响不显著。

第 7 章　随机化检验（R 程序包 SCDA）|

随机化检验是 R 程序包 SCDA 的特色功能。R 程序包 scan 参考了它的开源语句，也增设了这一功能。本章将结合 ABA 设计、ABAB 设计、多基线设计和交替处理设计，分析如何进行随机化检验。最后结合多名被试的数据介绍如何进行 p 汇总分析。

1. 随机化检验的含义

在群体比较研究中，随机化主要指将被试随机分派到实验组和控制组。在单一被试设计中，随机化是指将测量次数（各个时间点）随机分派到基线期或干预期阶段，比如可以随机安排干预期的第一个时间点。它的作用在于控制无关变量，提升研究的内部效度（Heyvaert & Onghena, 2014）。

随机化检验是一种基于对处理随机分派的非参数检验，可以检验基线期与干预期是否有差异。零假设是指基线期和干预期没有差异，也就是干预没有效果。选择检验统计量，如两个阶段平均数之差。与参数检验不同的是，检验统计量不需要除以平均数之差的标准误。随机化多次重复抽取，形成分布。考察检验统计量在抽样分布上出现的概率 p，若 p 大于 0.05，说明基线期与干预期没有差异。总的来说，随机分派和重复抽样的统计分析是随机化检验的重要成分。

2. R 程序包 SCDA 与 scan 的随机化检验

运用 R 程序包 SCDA 可以对基线期、干预期和维持期（ABA 设计）的数据进行随机化检验。检验统计量是基线期和维持期的组合与干预期的平均数之差（10）。设置每个阶段最小数据点为 5，可以生成 55 个可能组合，得出 p = 0.455，表明基线期和维持期的组合与干预期相比没有显著差异。如果删除维持期的数据进行检验，得出的结果与程序包 scan 的结果完全一致。

2.1　SCDA 语句或菜单操作

【data】studyaw.csv

随机化检验的语句如下。

```
library(Rcmdr)
Dataset <- read.table("C:/Users/xhwan/Documents/ 书稿数据 /studyaw.csv",
header=TRUE, stringsAsFactors=TRUE, sep=",", na.strings="NA", dec=".",
strip.white=TRUE)
quantity(design = "ABA", MT = 24, limit = 5)
```
[1] 55
```
assignments(design = "ABA", MT = 24, limit = 5, save = "no")
selectdesign(design = "ABA", MT = 24, limit = 5)
```
　　[,1] [,2] [,3] [,4] [,5] [,6] [,7] [,8] [,9] [,10] [,11] [,12] [,13] [,14] [,15] [,16]
[,17] [,18] [,19] [,20] [,21] [,22] [,23]
[1,] "A" "A" "A" "A" "A" "A" "A" "B" "B" "B" "B" "B" "B" "B"
"B" "B" "B" "A" "A" "A" "A" "A" "A"
　　[,24]
[1,] "A"
```
observed(design = "ABA", statistic = "B-A", data = Dataset)
```
[1] 10
```
distribution.systematic(design = "ABA", statistic = "B-A", limit = 5, save =
"no", data = Dataset)
```
 [1] -22.9473684 -21.1111111 -17.9831933 -15.3684211 -13.7500000
-12.2222222 -12.0000000 -8.8571429 -7.8991597 -7.7894737 -6.2500000
[12] -4.3356643 -3.3333333 -3.1111111 -1.8487395 -0.2105263　0.0000000
1.1111111　1.2500000　1.4285714　4.2016807　4.3356643
[23]　4.8421053　5.7342657　5.7777778　7.1428571　7.7777778　8.7500000
9.8947368　10.0000000　10.0000000　12.2689076　12.7272727
[34]　12.8888889　14.1258741　14.4444444　16.2500000　16.6666667
16.8571429　17.4736842　18.3193277　19.1608392　20.0000000　21.1111111
[45]　21.8750000　22.0000000　22.5263158　23.5555556　24.3697479
25.0526316　25.5555556　25.5555556　25.6250000　26.3865546　27.5789474
```
pvalue.systematic(design = "ABA", statistic = "B-A", limit = 5, data = Dataset)
```
[1] 0.4545455

2.2 Shiny SCDA 网页应用程序操作

通过 Shiny SCDA 网页应用程序进行随机化检验,从而论证干预的效果。

第一步,输入数据。读入数据文件 studyaw.csv。Shiny SCDA 网页应用程序数据输入界面见图 7–1。

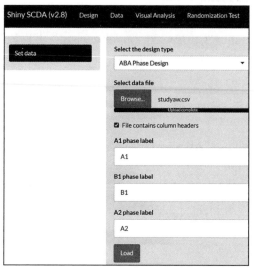

图 7-1　Shiny SCDA 网页应用程序数据输入界面

第二步,计算检验统计量,B–A(干预期和基线期的平均数之差)显示结果为 10。Shiny SCDA 网页应用程序检验统计量界面见图 7–2。

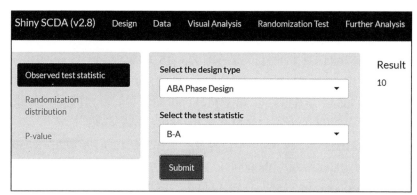

图 7-2　Shiny SCDA 网页应用程序检验统计量界面

第三步,生成随机化分布。设定每个阶段最小数据点为 5,Shiny SCDA 网页应用程序的随机化分布界面见图 7–3。获得的统计量 B–A 的随机化分布见图 7–4。

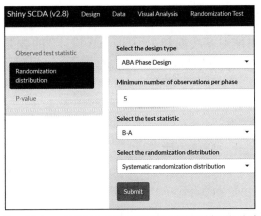

图 7-3　Shiny SCDA 网页应用程序的随机化分布界面

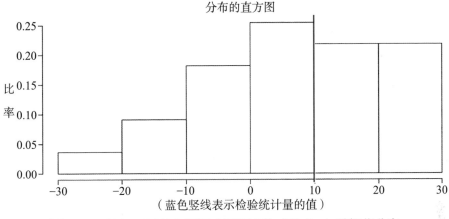

图 7-4　Shiny SCDA 网页应用程序生成的 B-A 随机化分布

　　第四步，计算 p 值，结果为 0.4545455，表明干预没有显著效果。Shiny SCDA 网页应用程序 p 值的计算界面见图 7-5。从平均数之差的随机分布来看，p 就是图 7-4 中蓝色竖线右侧的面积。

图 7-5　Shiny SCDA 网页应用程序的 p 值计算界面

2.3 R 程序包 scan 操作

程序包 scan 只能对基线期和干预期（AB 设计）的数据进行随机化检验。检验统计量是干预期和基线期的平均数之差（32.5）。默认每个阶段最小数据点为 5，可以生成 9 个可能组合，得出 p = 0.8888889，表明干预期和基线期不存在差异。

【data】studya.csv

AB 设计的随机化检验语句如下。

library(scan)

[34mscan 0.57 (2023-02-24)

[31mFor information on citing scan, type citation("scan").

study <- readSC()

Load file C:\Users\xhwan\Documents\ 书稿数据 \studya.csv

rand_test(study$W, graph = TRUE)

Randomization Test

Comparing phase 1 against phase 2

Statistic: Mean B-A

Minimal length of each phase: A = 5 , B = 5

Observed statistic = 32.5

Warning! The assigned number of random permutations exceeds the number of possible permutations.

Analysis is restricted to all possible permutations.

Distribution based on all 9 possible combinations.

n = 9

M = 34.98072

SD = 3.030285

Min = 28.15385

Max = 37.79221

Probability of observed statistic based on distribution:

p = 0.8888889

Shapiro-Wilk Normality Test: W = 0.837; p = 0.053 (Hypothesis of normality maintained)

Probabilty of observed statistic based on the assumption of normality:

z = -0.8186, p = 0.7935 (single sided)

从平均数之差的随机化分布来看，虚线右侧的面积表示 p，具体值为 0.8888889，表明干预没有效果（见图 7-6）。

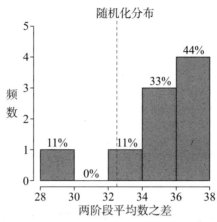

图 7-6　两阶段平均数之差的随机化分布

3.　ABA 设计的随机化检验

前面介绍程序包 SCDA 时已经谈及 ABA 设计的随机化检验，检验统计量为 statistic = "B-A"。这里将检验统计量变更为 statistic = "PB-PA"，先用基线期的平均数和维持期的平均数相加后除以 2，再用干预期的平均数减去此值。设置每个阶段最小数据点为 6，可以生成 28 个可能组合，得出 p = 0.5，表明基线期和维持期的组合与干预期相比没有显著差异。

【data】studyaw.csv

ABA 设计的随机化检验语句如下。

```
library(Rcmdr)
Dataset <- read.table("C:/Users/xhwan/Documents/ 书稿数据 /studyaw.csv",
header=TRUE, stringsAsFactors=TRUE, sep=",", na.strings="NA", dec=".",
strip.white=TRUE)
graph(design = "ABA", data = Dataset)
observed(design = "ABA", statistic = "PB-PA", data = Dataset)
```

[1] 10

69.167 -（61.667+36.667）/2

distribution.systematic(design = "ABA", statistic = "PB-PA", limit = 6, save =
+ "no", data = Dataset)

[1] -4.5833333 -1.1255411 -0.3333333 1.6666667 1.7316017 2.2857143

3.6250000

[8] 4.2063492 4.7916667 5.5456349 7.3313492 7.5108225 7.7777778

8.7500000

[15] 10.0000000 10.0000000 10.9821429 11.4186508 12.1250000 12.4134199

13.5714286

[22] 13.7916667 14.7142857 15.8333333 16.7532468 16.9166667 18.7770563

19.5833333

quantity(design = "ABA", MT = 24, limit = 6)

[1] 28

pvalue.systematic(design = "ABA", statistic = "PB-PA", limit = 6, data =

Dataset)

[1] 0.5

从平均数之差的随机化分布来看，蓝色竖线右侧的面积表示 p，具体值为
0.5，表明干预没有显著效果（见图 7-7）。

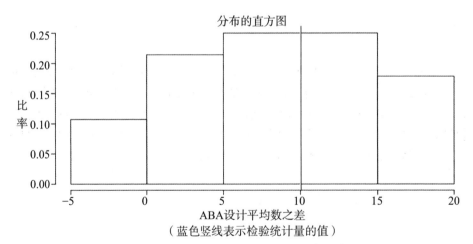

图 7-7　ABA 设计平均数之差（PB-PA）的随机化分布

4. ABAB 设计的随机化检验

运用程序包 SCDA 对 ABAB 设计进行随机化检验。检验统计量是 PA-PB，即 A 阶段的平均数减去 B 阶段的平均数，具体值为 2。设置每个阶段最小数据点为 4，可以生成 165 个可能组合，得出 p = 0.02424242，表明干预有显著的效果。从图 7-8 和图 7 9 可以初步了解数据样例的特征。

【data】bulte.csv （Bulté & Onghena，2008）

	A	B
1	phase	values
2	A1	6
3	A1	2
4	A1	5
5	A1	3
6	A1	4
7	A1	4
8	B1	1
9	B1	2
10	B1	3
11	B1	1
12	B1	3
13	B1	2
14	A2	2
15	A2	3
16	A2	4
17	A2	2
18	A2	4
19	A2	3
20	B2	0
21	B2	1

图 7-8 bulte.csv 数据样例

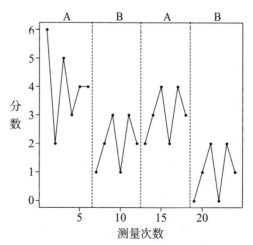

图 7-9 ABAB 设计的单一被试图

ABAB 设计的随机化检验语句如下。

```
library(Rcmdr)
Dataset <- read.table("C:/Users/xhwan/Documents/ 书稿数据 /bulte.csv",
header=TRUE, stringsAsFactors=TRUE, sep=",", na.strings="NA", dec=".",
strip.white=TRUE)
quantity(design = "ABAB", MT = 24, limit = 4)
[1] 165
assignments(design = "ABAB", MT = 24, limit = 4, save = "no")
     [,1] [,2] [,3] [,4] [,5] [,6] [,7] [,8] [,9] [,10] [,11] [,12] [,13] [,14]
 [1,] "A" "A" "A" "A" "B" "B" "B" "B" "A" "A" "A" "A" "B" "B"
 [2,] "A" "A" "A" "A" "B" "B" "B" "B" "A" "A" "A" "A" "A" "B"
 [3,] "A" "A" "A" "A" "B" "B" "B" "B" "A" "A" "A" "A" "A" "A"
 [4,] "A" "A" "A" "A" "B" "B" "B" "B" "A" "A" "A" "A" "A" "A"
 [5,] "A" "A" "A" "A" "B" "B" "B" "B" "A" "A" "A" "A" "A" "A"
……
selectdesign(design = "ABAB", MT = 24, limit = 4)
    [,1] [,2] [,3] [,4] [,5] [,6] [,7] [,8] [,9] [,10] [,11] [,12] [,13] [,14]
[1,] "A" "A" "A" "A" "A" "A" "B" "B" "B" "B" "B" "B" "B" "A"
    [,15] [,16] [,17] [,18] [,19] [,20] [,21] [,22] [,23] [,24]
[1,] "A" "A" "A" "A" "A" "B" "B" "B" "B" "B"
observed(design = "ABAB", statistic = "PA-PB", data = Dataset)
[1] 2
distribution.systematic(design = "ABAB", statistic = "PA-PB", limit = 4, save =
"no", data = Dataset)
 [1] 0.5000000 0.5250000 0.5454545 0.5916667 0.6000000 0.6204545
0.6750000
 [8] 0.6954545 0.7250000 0.7500000 0.7500000 0.7500000 0.7767857
0.7916667
 [15] 0.8125000 0.8273810 0.8416667 0.8416667 0.9000000 0.9107143
0.9267857
pvalue.systematic(design = "ABAB", statistic = "PA-PB", limit = 4, data =
Dataset)
[1] 0.02424242
```

检验统计量平均数之差有不同的计算方法，这也体现了前文提及的统计的复杂性。

statistic = "PA–PB"，只适用于 ABA 设计和 ABAB 设计。计算方法为：
（A1 的平均数 +A2 的平均数）/2 –（B1 的平均数 +B2 的平均数）/2

statistic = "A–B" 的计算方法为：

先将 A1 和 A2 的数据合并计算平均数，然后将 B1 和 B2 的数据合并计算平均数，最后用前者减夫后者。

是先计算各阶段的平均数再合并？还是先将数据合并再计算平均数？顺序不同可能会出现不同的结果。如果 A1 和 A2、B1 和 B2 的数据点数一样，两种计算方法就会产生相同的结果。

从平均数之差的随机化分布来看，蓝色竖线右侧的面积表示 p，具体值为 0.02424242，表明干预有显著效果（见图 7-10）。

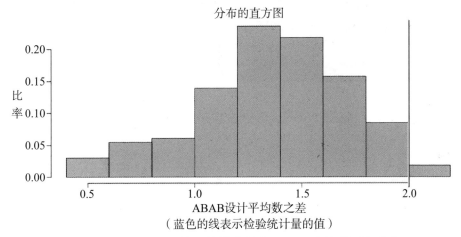

图 7-10　ABAB 设计平均数之差（PA-PB）的随机化分布

5. 多基线设计的随机化检验

运用程序包 SCDA 对多基线设计进行随机化检验。选用的数据（bulte2009.csv，见图 7-11）来自比尔泰等人的研究（Bulté & Onghena，2009）。这是一个跨被试的多基线设计，共有 4 名被试，即 4 个单元，4 名被试的干预期起始时间点有所不同（见图 7-13）。

多基线设计的独特之处在于需要生成专门的文本文件（bulte2009.txt，见图 7-12），用于表示 B 阶段可能的起始时间点。值得注意的是，这个文件不需要添加变量名，以 Tab 为分隔符，每个单元占据一行，按回车键结尾。其中，最后一个单元的末尾也需要按回车键结尾。如果增加起始时间点，相应的随机化组合就会增多。

检验统计量是 B−A，B 阶段的平均数减去 A 阶段的平均数，具体值为 4.236。随机化检验可以生成 15000 个可能组合。组合数很大，最好选择蒙特卡洛（Monte-Carlo）随机化分布并将随机化次数设定为 1000，得出 p = 0.003，表明干预有极其显著的效果。

需要注意的是，采用蒙特卡洛分布计算，每次得到的 p 值并不一定相同。如果选择系统随机化分布，则因随机化组合过多而无法正常运行。在网页应用程序中选择系统随机化分析，则出现提示信息"Too many possible randomizations for this design! Please run a Monte-Carlo randomization test"（意为"随机化组合过多，请使用蒙特卡洛随机化检验"）。系统随机化检验计算所有可能随机组合的检验统计量，蒙特卡洛随机化检验计算一个随机样本的检验统计量。当不能计算出所有可能组合的检验统计量时，最好使用蒙特卡洛随机化检验（Chen, Peng, & Chen, 2015）。

【 data 】bulte2009.csv （Bulté & Onghena, 2009）

【 data 】bulte2009.txt

	A	B	C	D	E	F	G	H
1	phase1	value1	phase2	value2	phase3	value3	phase4	value4
2	A	4	A	4	A	3	A	4
3	A	3	A	3	A	3	A	4
4	A	3	A	4	A	4	A	4
5	A	3	A	3	A	5	A	4
6	A	3	A	3	A	4	A	4
7	A	3	A	4	A	5	A	4
8	B	4	A	4	A	5	A	4
9	B	4	A	4	A	5	A	5
10	B	5	B	4	A	5	A	5
11	B	6	B	5	A	5	A	5
12	B	7	B	5	B	6	A	5
13	B	7	B	7	B	7	A	5
14	B	8	B	8	B	7	B	6
15	B	7	B	8	B	7	B	7
16	B	8	B	8	B	8	B	7
17	B	8	B	8	B	9	B	8
18	B	9	B	8	B	8	B	8
19	B	9	B	8	B	9	B	9
20	B	9	B	8	B	9	B	9
21	B	10	B	9	B	10	B	9
22	B	10	B	8	B	10	B	10
23	B	10	B	9	B	10	B	10
24	B	10	B	9	B	10	B	10
25	B	10	B	9	B	10	B	10

图 7-11　bulte2009.csv 数据样例

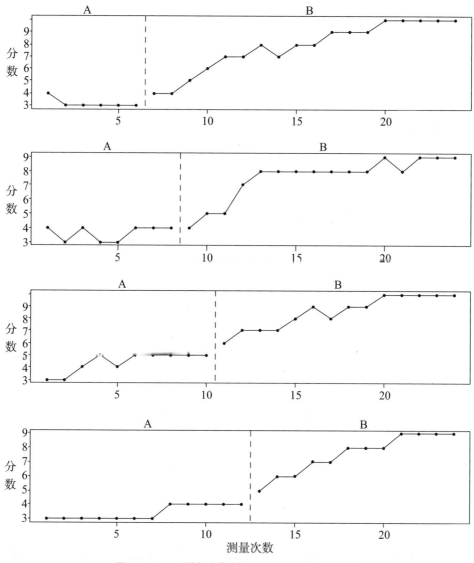

图 7-12 bulte2009.txt 数据样例

图 7-13 跨被试多基线设计的单一被试图

多基线设计的随机化检验语句如下。

```
library(Rcmdr)
Dataset <- read.table("C:/Users/xhwan/Documents/ 书稿数据 /bulte2009.csv",
header=TRUE, stringsAsFactors=TRUE, sep=",", na.strings="NA", dec=".",
strip.white=TRUE)

graph(design = "MBD", data = Dataset)

quantity(design = "MBD", starts = "C:/Users/xhwan/Documents/ 书稿数据 /
bulte2009.txt")
[1] 15000
observed(design = "MBD", statistic = "B-A", data = Dataset)
[1] 4.235565
pvalue.random(design = "MBD", statistic = "B-A", number = 1000, data =
Dataset)
[1] 0.003
```

6. 交替处理设计的随机化检验

【 data 】heyalter.csv （Heyvaert & Onghena，2014）

	A	B
1	phase	values
2	B	80
3	A	55
4	A	55
5	B	90
6	B	90
7	A	85
8	B	90
9	A	85
10	B	100
11	A	100

图 7-14　heyalter.csv 数据样例

对自闭症儿童实施教育干预，A 方法采用图片提示法，B 方法采用视频提示法。因变量为儿童独立正确反应的百分比。heyalter.csv 数据样例见图

7-14。图 7-15 中的实线表示 B 方法的视频提示法，虚线表示 A 方法的图片提示法。

交替处理设计的随机化检验语句如下。

library(Rcmdr)

Dataset <- read.table("C:/Users/xhwan/Documents/ 书稿数据 /heyalter.csv",
hcader=TRUE, stringsAsFactors=TRUE, scp=",", na.strings="NA", dec=".",
strip.white=TRUE)

graph(design = "ATD", data = Dataset)

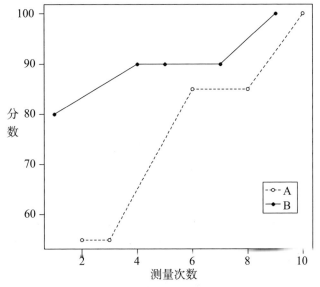

图 7-15　自闭症儿童两种干预方法的比较

quantity(design = "ATD", MT = 10, limit = 2)

[1] 84

observed(design = "ATD", statistic = "B-A", data = Dataset)

[1] 14

（＃检验统计量为 B 平均数和 A 平均数的差，得到 84 个数据）

distribution.systematic(design = "ATD", statistic = "B-A", limit = 2, save =
"no", data = Dataset)

```
 [1] -18 -16 -14 -14 -12 -12 -12 -12 -12 -10 -10  -8  -8  -8  -8  -8  -6  -6  -6
[20]  -6  -6  -4  -4  -2  -2  -2  -2  -2  -2  -2  -2  -2  -2  -2   0   0   0   0
[39]   0   0   0   0   0   0   0   0   0   0   0   2   2   2   2   2   2   2
[58]   2   2   2   2   4   4   6   6   6   6   6   8   8   8   8   8  10  10  12
[77]  12  12  12  12  14  14  16  18
```

（＃第一个"14"前面有 80 个数据

p=（84-80）/84 =0.04761905 或 p=1- 80/84=0.04761905）

pvalue.systematic(design = "ATD", statistic = "B-A", limit = 2, data = Dataset)

[1] 0.04761905

从平均数之差的随机分布来看，蓝色竖线右侧的面积表示 p，具体值为 0.04761905，表明干预有显著效果（见图 7-16）。

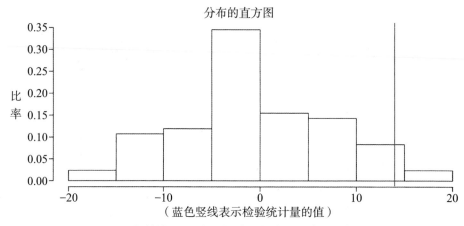

图 7-16　交替处理设计平均数之差（B-A）的随机化分布

运用程序包 SCDA 对交替处理设计进行随机化检验。检验统计量是 B-A，也就是 B 方法的平均数减去 A 方法的平均数，具体值为 14。设置相同实验处理连续出现的最大数据点数为 2，也就是同一处理最多连续出现 2 次，可以生成 84 个可能组合，得出 p = 0.04761905，表明两种干预方法存在显著差异。

7. 随机化检验与 p 汇总分析

对于多名被试的数据，先进行随机化检验，再进行 p 汇总分析，论证重复实施单一被试设计的干预效果，提升研究的外部效度。其实这也是一种元分析。

将 group.csv 中的数据转换成 11 个数据文件，每一个文件记录一名自闭症青少年的社交技能数据。第一名被试的数据样例见图 7-17。

	A	B
1	phase	values
2	A	125
3	A	125
4	A	125
5	A	125
6	B	129
7	B	129
8	B	131
9	B	133
10	B	133

图 7-17　第一名被试的数据样例

分别对 11 名自闭症青少年的社交技能数据，进行随机化检验，每阶段至少 2 个数据点，检验统计量为 B 阶段的平均数减去 A 阶段的平均数，计算各自的 p 值，保存为 groupp.csv（见图 7-18）。在此基础上进行 p 汇总分析。

【data】groupp.csv

	A
1	p
2	0.5
3	0.5
4	0.166667
5	0.5
6	0.333333
7	0.4
8	0.6
9	0.4
10	0.6
11	1
12	0.2

图 7-18　groupp.csv 数据样例

p 汇总分析可以采用乘法汇总或加法汇总。对于乘法汇总，可以通过 R 语句采用 Fisher 汇总方法，也可以通过 R 程序包 SCDA 菜单操作选用乘法汇总方法。11 名自闭症青少年社交技能干预的 p 汇总等于 0.6535283，表明基线期和干预期没有差异。

运用 R 语句（乘法汇总）：

```
fishers.pvalue = function(x){ pchisq(-2 * sum(log(x)),df=2*length(x),lower=
```

FALSE)}

x=c(0.5, 0.5, 0.1666667, 0.5, 0.3333333, 0.4, 0.6, 0.4, 0.6, 1, 0.2)

combined.pval = fishers.pvalue(x)

combined.pval

[1] 0.6535283

R 程序包 SCDA 菜单操作的语句（乘法汇总）：

library(Rcmdr)

Dataset <- read.table("C:/Users/xhwan/Documents/ 书稿数据 /groupp.csv",

header=TRUE, stringsAsFactors=TRUE, sep=",", na.strings="NA", dec=".",

strip.white=TRUE)

combine(method = "x", pvalues = Dataset)

[1] 0.6535283

对于加法汇总，可以直接输入公式计算，也可以用 R 程序包 SCDA 计算。对于前者，所有 p 值的和 S=5.2。R 的函数 "choose()" 表示组合，"factorial()" 表示阶乘。p 汇总等于 0.3785951，表明基线期和干预期没有差异。

运用 R 语句（加法汇总）：

(choose(11,0)*5.2^11-choose(11,1)*(5.2-1)^11+choose(11,2)*(5.2-2)^11-

choose(11,3)*(5.2-3)^11+choose(11,4)*(5.2-4)^11-choose(11,5)*(5.2-5)^11)/

factorial(11)

[1] 0.3785951

R 程序包 SCDA 菜单操作的语句（加法汇总）：

library(Rcmdr)

Dataset <- read.table("C:/Users/xhwan/Documents/ 书稿数据 /groupp.csv",

header=TRUE, stringsAsFactors=TRUE, sep=",", na.strings="NA", dec=".",

strip.white=TRUE)

combine(method = "+", pvalues = Dataset)

[1] 0.3785951

对于 p 汇总，除了乘法和加法这两种方法外，还可以使用 Stouffer 方法（Bulté & Onghena, 2013）。具体计算步骤：先将 11 个 p 值转换为 Z 值，所有的 Z 相加之后再除以 11 的平方根，从而得到汇总的 Z 值，最后将汇总的 Z 值转换为汇总的 p 值。

总的来说，通过随机化检验判定干预效果时，需要考虑单一被试设计的类型，需要考虑限定条件，如每个阶段的数据点数，或者相同实验处理连续出现的最大数据点数，需要确定检验统计量，等等。可以根据随机化检验的 p 值来判定干预效果是否显著，还可以通过对多个 p 值进行汇总分析来作出判定。

第 8 章　假设检验（R 程序包 SSD for R）

R 程序包 SSD for R 可以进行假设检验，主要包括自相关检验、卡方检验、保守双准则、t 检验、方差分析和回归分析。该程序包的特色在于，呈现假设检验的运行结果的同时，还提供了可视化的图形。

1.　自相关检验

传统的假设检验是否适用于单一被试设计，学术界一直存在争议。因为单一被试数据不满足独立性的要求，也就是数据存在自相关。接下来，将对基线期和干预期的数据计算自相关系数并进行检验。

一阶自相关（lag-1）表示数据系列的当前值与自身前一个数值之间的相关。五阶自相关（lag-5）表示数据系列的当前值与自身前第五个数值之间的相关。

对基线期数据进行一阶自相关（lag-1）和五阶自相关（lag-5）的计算和检验。两个自相关系数显著性检验的 p 值分别为 0.1967 和 0.2206，表明基线期数据不存在自相关。基线期数据的一阶自相关（lag-1）见图 8-1。其中纵坐标就是自相关的数值。基线期数据的五阶自相关（lag-5）见图 8-2。

调用 R 程序包 SSD for R，并读入数据文件，语句如下。

【data】studybw.csv

```
library(SSDforR)
Getcsv()
attach(ssd)
```

计算基线期数据的一阶自相关（lag-1），语句如下。

ABautoacf(values,phase,"A1",1)

Autocorrelations of series 'tsx', by lag

    0   1

1.000 0.417

      Box-Ljung test

data: tsx

X-squared = 1.6667, df = 1, p-value = 0.1967

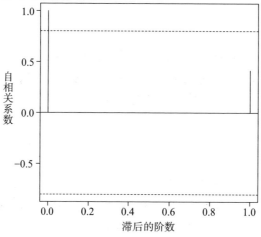

图 8-1　基线期数据的一阶自相关（lag-1）

计算基线期数据的五阶自相关（lag-5），语句如下。

ABautoacf(values,phase,"A1",5)

Autocorrelations of series 'tsx', by lag

    0   1   2   3   4   5

1.000 0.417 -0.167 -0.250 -0.333 -0.167

      Box-Ljung test

data: tsx

X-squared = 7, df = 5, p-value = 0.2206

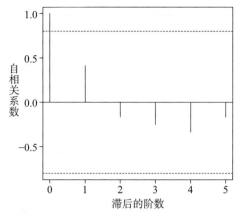

图 8-2 基线期数据的五阶自相关（lag-5）

对干预期数据进行一阶自相关（lag-1）和五阶自相关（lag-5）的计算和检验。两个自相关系数显著性检验的 p 值分别为 0.006336 和 0.02553，表明干预期数据存在显著的自相关。干预期数据的一阶自相关（lag-1）见图 8-3。干预期数据的五阶自相关（lag-5）见图 8-4。

计算干预期数据的一阶自相关（lag-1），语句如下。

ABautoacf(values,phase,"B1",1)

Autocorrelations of series 'tsx', by lag

    0   1

1.000 0.699

     Box-Ljung test

data: tsx

X-squared = 7.4521, df = 1, p-value = 0.006336

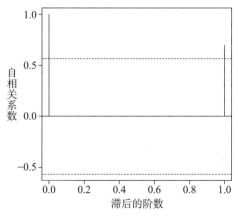

图 8-3 干预期数据的一阶自相关（lag-1）

计算干预期数据的五阶自相关（lag–5），语句如下。

ABautoacf(values,phase,"B1",5)

Autocorrelations of series 'tsx', by lag

```
     0      1      2      3      4      5
 1.000  0.699  0.486  0.242  0.060 -0.090
```

    Box-Ljung test

data: tsx

X-squared = 12.78, df = 5, p-value = 0.02553

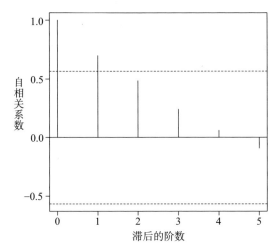

图 8-4　干预期数据的五阶自相关（lag–5）

对基线期数据进行一阶自相关（lag–1）检验。rf2=1.25，p=0.058，表明不存在自相关。基线期数据自相关检验的回归线见图 8-5（与图 5-12 相同）。

对基线期数据进行一阶自相关（lag–1）检验，语句如下。

ABrf2(values,phase,"A1")

[1] "tf2=" "2.118"

[1] "rf2=" "1.25"

[1] "sig of rf2=" "0.058"

----------regression------------

Call:

lm(formula = A ~ x1)

Coefficients:

(Intercept)   x1

    44.667   -2.286

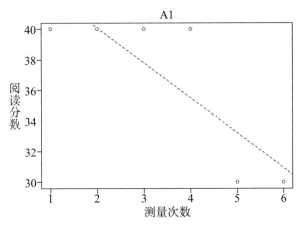

图 8-5　基线期数据一阶自相关（lag-1）检验的回归线

对干预期数据进行一阶自相关（lag-1）检验。rf2=1.3，p=0，表明存在自相关。干预期数据自相关检验的回归线见图 8-6。

对干预期数据进行一阶自相关（lag-1）检验，语句如下。

ABrf2(values,phase,"B1")

[1] "tf2=" "7.181"

[1] "rf2=" "1.3"

[1] "sig of rf2=" "0"

----------regression------------

Call:

lm(formula = A ~ x1)

Coefficients:

(Intercept)　　　x1

　38.94　　　4.65

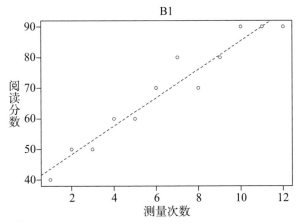

图 8-6　干预期数据一阶自相关（lag-1）检验的回归线

R 程序包 scan 也可以进行自相关分析。基线期（A 阶段）和干预期（B 阶段）的一阶自相关（lag-1）和五阶自相关（lag-5），与前面完全一样。但是这里没有进行显著性检验。

【data】studya.csv

R 程序包 scan 的自相关分析语句如下。

study <- readSC()
Load file C:\Users\xhwan\Documents\ 书稿数据 \studya.csv

Imported 2 cases
autocorr(study$W,lag_max=5)
Autocorrelations
W

Phase	Lag 1	Lag 2	Lag 3	Lag 4	Lag 5
A	0.42	-0.17	-0.25	-0.33	-0.17
B	0.70	0.49	0.24	0.06	-0.09
C	-0.23	-0.27	-0.10	0.07	0.03
all	0.90	0.80	0.71	0.58	0.43

如果存在自相关，那么可以运用卡方检验进行数据分析。

2. 卡方检验

根据基线期分界点的不同，卡方检验具体包括如下计算方法，即按照平均数分组、按照中位数分组、按照去尾平均数分组和按照回归线分组。

2.1 按照平均数分组

【data】studybw.csv

按照平均数分组的卡方检验语句如下。

```
meanabove(values,phase,"A1","B1")
      [,1]  [,2]
FALSE  2    0
TRUE   4    12
      [,1] [,2]
FALSE 100   0
TRUE   25   75
```

```
              [,1]    [,2]
FALSE 33.33333    0
TRUE  66.66667  100
```

    Pearson's Chi-squared test

data: ctbl
X-squared = 4.5, df = 1, p-value = 0.03389

    Fisher's Exact Test for Count Data

data: ctbl
p-value = 0.09804
alternative hypothesis: true odds ratio is not equal to 1
95 percent confidence interval:
 0.4030073   Inf
sample estimates:
odds ratio
    Inf

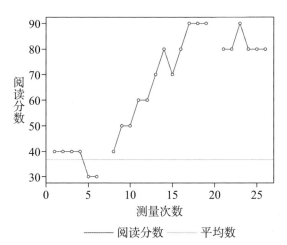

图 8-7　按照基线期平均数分组的卡方检验

以基线期阅读分数的平均数为分界点，将自闭症儿童 W 两个阶段的测量数据划分为 FALSE 组（不在预期区域，低于平均数）和 TRUE 组（在预期区域，高于平均数）。

"[, 1]" 表示基线期，"[, 2]" 表示干预期。

卡方检验就是通过考察双向表的频数，检验基线期和干预期的阅读分数是否存在差异。检验结果为，$\chi^2 = 4.5$，df = 1，p = 0.03389，表明基线期和干预期的阅读分数存在显著差异。基线期有 66.667% 的数据高于基线期平均数，而干预期有 100% 的数据高于基线期的平均数（见表 8-1）。

表 8-1　卡方检验的双向表

组别	基线期	干预期
非预期组	2（33.333%）	0（0%）
预期组	4（66.667%）	12（100%）

通过图 8-7 也可以看出，干预期所有的数据都在参照线（基线期平均数）之上，而基线期有 4 个数据在参照线之上。

如果预期干预后分数会降低，如对自闭症儿童问题行为的干预，那么可以采用以下语句。

meanbelow(values,phase,"A1","B1")

2.2　按照中位数分组

按照中位数分组的卡方检验语句如下。

medabove(values,phase,"A1","B1")

```
           [,1] [,2]
FALSE     6    1
TRUE      0    11
               [,1]       [,2]
FALSE  85.71429   14.28571
TRUE    0.00000  100.00000
              [,1]       [,2]
FALSE    100    8.333333
TRUE       0   91.666667


     Pearson's Chi-squared test

data: ctbl
X-squared = 14.143, df = 1, p-value = 0.0001694


     Fisher's Exact Test for Count Data
```

data: ctbl

p-value = 0.0003771

alternative hypothesis: true odds ratio is not equal to 1

95 percent confidence interval:

　4.158719　Inf

sample estimates:

odds ratio

　　　Inf

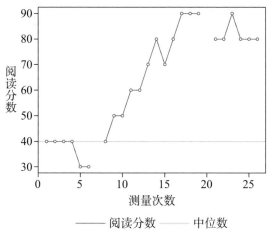

图 8-8　按照基线期中位数分组的卡方检验

通过图 8-8 可以看出，干预期的 12 个数据中，有 11 个在参照线（基线期中位数）之上，而基线期没有数据在参照线之上。

以基线期阅读分数的中位数为分界点分组。卡方检验就是通过考察双向表的频数，检验基线期和干预期的阅读分数是否存在差异。检验结果为，$\chi^2 =$ 14.143，df = 1，p = 0.0001694，表明基线期和干预期的阅读分数存在极其显著差异。

2.3　按照去尾平均数分组

按照去尾平均数分组的卡方检验语句如下。

```
trimabove(values,phase,"A1","B1")
        [,1] [,2]
FALSE   2   0
TRUE    4  12
        [,1] [,2]
```

```
FALSE  100    0
TRUE    25   75
                [,1]  [,2]
FALSE 33.33333    0
TRUE  66.66667  100
```

Pearson's Chi-squared test

data: ctbl
X-squared = 4.5, df = 1, p-value = 0.03389

Fisher's Exact Test for Count Data

data: ctbl
p-value = 0.09804
alternative hypothesis: true odds ratio is not equal to 1
95 percent confidence interval:
 0.4030073   Inf
sample estimates:
odds ratio
    Inf

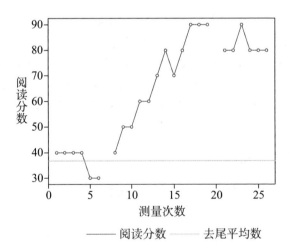

图 8-9　按照基线期去尾平均数分组的卡方检验

通过图 8-9 可以看出，干预期的所有数据都在参照线（基线期去尾平均数）之上，而基线期有 4 个数据在参照线之上。

以基线期阅读分数的去尾平均数为分界点分组。卡方检验就是通过考察双向表的频数，检验基线期和干预期的阅读分数是否存在差异。检验结果为，$\chi^2 = 4.5$，$df = 1$，$p = 0.03389$，表明基线期和干预期的阅读分数存在显著差异。

2.4　按照回归线分组

按照回归线分组的卡方检验语句如下。
regabove(values,phase,"A1","B1")

```
        [,1] [,2]
FALSE   4    0
TRUE    2   12
              [,1]       [,2]
FALSE 100.00000    0.00000
TRUE   14.28571   85.71429
              [,1] [,2]
FALSE 66.66667    0
TRUE  33.33333  100
```

　　Pearson's Chi-squared test

data: ctbl
X-squared = 10.286, df = 1, p-value = 0.001341

　　Fisher's Exact Test for Count Data

data: ctbl
p-value = 0.004902
alternative hypothesis: true odds ratio is not equal to 1
95 percent confidence interval:
 1.966081   Inf
sample estimates:
odds ratio
      Inf

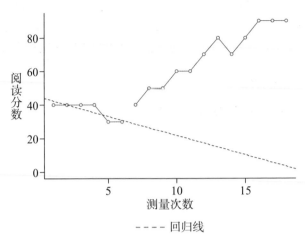

图 8-10　按照基线期回归线分组的卡方检验

通过图 8-10 也可以看出，干预期的所有数据都在参照线（基线期回归线）之上，而基线期只有 2 个数据在参照线之上。

按照基线期阅读分数的回归线分组。卡方检验就是通过考察双向表的频数，检验基线期和干预期的阅读分数是否存在差异。检验结果为，$\chi^2 = 10.286$，$df = 1$，$p = 0.001341$，表明基线期和干预期的阅读分数存在极其显著差异。

3. 保守双准则

卡方检验的分组依据是基线期的平均数或回归线。保守双准则（conservative dual criteria）同时考虑基线期的平均数和基线期的回归线，从而确定预期区域。

高于基线期平均数和回归线的点数有 12 个（见图 8-11），只需要 9 个点就表明基线期和干预期有差异。从而说明基线期与干预期存在显著差异。这与前面卡方检验的结论一致。

【data】studybw.csv

保守双准则的计算语句如下。

CDCabove（values, phase, "A1","B1"）

[1] "needed=" "9"

————————————above lines————————————

TRUE, TRUE = Number above the lines

　　nabovemean

naboveline TRUE

　　TRUE　　12

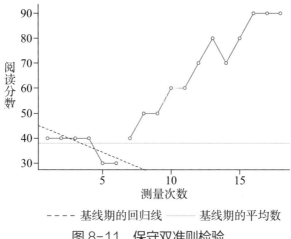

图 8-11　保守双准则检验

此外，还有一种稳健性的 CDC 检验，语句如下。

RobustCDCabove（values, phase, "A1", "B1"）

如果预期干预期的分数会低于基线期，如对自闭症儿童问题行为的干预，那么可以采用以下语句。

CDCbelow(values,phase,"A1","B1")

RobustCDCbelow(values,phase,"A1","B1")

4. t 检验

通过 t 检验可以考察基线期和干预期的阅读分数之间是否有显著差异。先进行方差齐性检验，结果为 F = 0.089114，分子 df = 5，分母 df = 11，p = 0.01527，表明方差不齐。则选择下面的 Welch t 检验，t = −5.9958，df = 14.273，p = 3.022e−05。结果表明基线期的阅读分数（平均数为 36.66667）和干预期的阅读分数（平均数为 69.16667）之间存在极其显著的差异。如果方差齐性，则选择最上面的两样本 t 检验。

t 检验的语句如下。

ABttest(values,phase,"A1","B1")

　　Two Sample t-test

data: A and B

t = -4.4427, df = 16, p-value = 0.0004094

alternative hypothesis: true difference in means is not equal to 0

95 percent confidence interval:

 -48.00803 -16.99197

sample estimates:

mean of x mean of y

 36.66667 69.16667

F test to compare two variances

data: A and B

F = 0.089114, num df = 5, denom df = 11, p-value = 0.01527

alternative hypothesis: true ratio of variances is not equal to 1

95 percent confidence interval:

 0.02203609 0.58528409

sample estimates:

ratio of variances

 0.08911392

Welch Two Sample t-test

data: A and B

t = -5.9958, df = 14.273, p-value = 3.022e-05

alternative hypothesis: true difference in means is not equal to 0

95 percent confidence interval:

 -44.10489 -20.89511

sample estimates:

mean of x mean of y

 36.66667 69.16667

从直条图也可以看出基线期和干预期平均水平的不同（见图 8-12）。

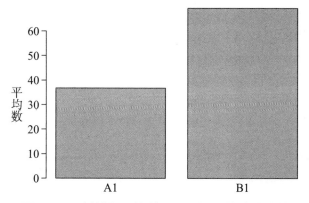

图 8-12 基线期平均数和干预期平均数的比较

5. 方差分析

当比较的组数大于等于 2 时，可以采用方差分析。前面介绍的 t 检验是方差分析的特例。具体计算时可以先运行描述性统计的语句，再运行方差分析的语句。

描述性统计的语句如下。

ABdescrip(values,phase)

--------------n-------------

PhaseX

A1 A2 B1

　6　　6 12

--------------mean-------------

　　A1　　A2　　B1

36.667 81.667 69.167

-------------10% trim mean-------------

　　A1　　A2　　B1

36.667 81.667 70.000

----------median------------

A1 A2 B1

40　80　70

------------SD--------------

　　A1　　A2　　B1

　5.164　4.082 17.299

```
------------CV--------------
  A1    A2    B1
0.141 0.050 0.250
---------range----------
    [,1] [,2]
A1   30   40
A2   80   90
B1   40   90
---------iqr----------
 A1  A2   B1
 7.5  0.0 25.0
---------quantiles----------
$A1
 0%  25%  50%  75% 100%
30.0 32.5  40.0  40.0  40.0


$A2
0% 25%  50%  75% 100%
80   80   80   80   90


$B1
0%  25%   50%   75%  100%
40.0 57.5  70.0   82.5   90.0
```

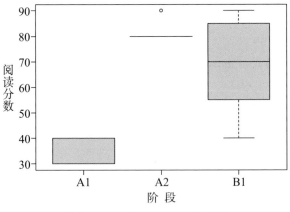

图 8-13　三个阶段的箱线图

描述性统计报告了三个阶段的集中量（平均数、中位数和 10% 去尾平均数）和差异量（全距、四分位距和相对差异量）。从图 8-13 可以看出三个阶段集中量和差异量的不同。

方差分析的语句如下。

ABanova(values,phase)

	Df	Sum Sq	Mean Sq	F value	Pr(>F)
as.factor(phaseX)	2	6675	3338	19.98	1.38e-05 ***
Residuals	21	3508	167		

Signif. codes: 0 '***' 0.001 '**' 0.01 '*' 0.05 '.' 0.1 ' ' 1

A1	A2	B1
36.66667	81.66667	69.16667

  Tukey multiple comparisons of means

  95% family-wise confidence level

Fit: aov(formula = behavior ~ as.factor(phaseX))

$`as.factor(phaseX)`

	diff	lwr	upr	p adj
A2-A1	45.0	26.19043	63.809574	0.0000159
B1-A1	32.5	16.21043	48.789569	0.0001594
B1-A2	-12.5	-28.78957	3.789569	0.1539345

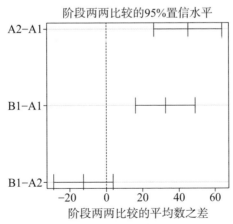

图 8-14 三个阶段两两比较

方差检验是为了考察基线期、干预期和维持期三个阶段的阅读分数是否存在差异。检验的结果为：F=19.98，p=1.38e–05。表明三个阶段的阅读分数存在极其显著差异。

事后检验发现，A2 与 A1、B1 与 A1 之间存在极其显著差异。B1 与 A2 之间不存在差异。根据数据结果和图形（见图 8–14）可以看出，B1–A2 的 95% 置信区间包括 0，说明这两个阶段的差为 0，也就是 B1 和 A2 不存在差异。而 A2–A1、B1–A1 的 95% 置信区间不包括 0，说明 A2 与 A1、B1 与 A1 都存在差异。

6. 回归分析

回归分析主要用于研究各阶段数据随着测量次数变化的趋势。对基线期和干预期等分别构建独立的回归方程。

回归分析的语句如下。

```
ABregres(values,phase,"A1","B1")
Call:
lm(formula = A ~ x1)


Residuals:
        1        2        3        4        5        6
-2.38095 -0.09524  2.19048  4.47619 -3.23810 -0.95238


Coefficients:
            Estimate Std. Error t value Pr(>|t|)
(Intercept)  44.6667     3.0132  14.824 0.000121 ***
x1           -2.2857     0.7737  -2.954 0.041795 *
---
Signif. codes:  0 '***' 0.001 '**' 0.01 '*' 0.05 '.' 0.1 ' ' 1


Residual standard error: 3.237 on 4 degrees of freedom
Multiple R-squared:  0.6857, Adjusted R-squared:  0.6071
F-statistic: 8.727 on 1 and 4 DF,  p-value: 0.04179


Call:
lm(formula = B ~ x2)
```

Residuals:

  Min 1Q Median 3Q Max

-6.1422 -3.0653 -0.4429 2.6340 8.5082

Coefficients:

      Estimate Std. Error t value Pr(>|t|)

(Intercept) 38.9394 2.7468 14.18 6.01e-08 ***

x2   4.6503 0.3732 12.46 2.05e-07 ***

Signif. codes: 0 '***' 0.001 '**' 0.01 '*' 0.05 '.' 0.1 ' ' 1

Residual standard error: 4.463 on 10 degrees of freedom

Multiple R-squared: 0.9395, Adjusted R-squared: 0.9334

F-statistic: 155.3 on 1 and 10 DF, p-value: 2.049e-07

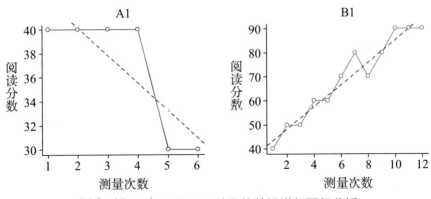

图 8-15　对 A1 和 B1 阶段的数据进行回归分析

前面视觉分析部分增加辅助线时就运用了回归分析语句。

对于基线期来说，测量次数为自变量，阅读分数是因变量。进行回归分析，回归系数为 −2.2857，达到显著水平。基线期数据呈现下降趋势（见图 8-15）。

对于干预期来说，测量次数为自变量，阅读分数是因变量，进行回归分析。回归系数为 4.6503，达到极其显著水平。干预期数据呈现上升趋势（见图 8-15）。

第四部分

R 程序包的拓展应用

第 9 章 群体数据分析

在教育干预研究中，有时需要分析多名被试的数据。自闭症青少年社交技能干预项目收集了 11 名自闭症青少年的数据。运用前面介绍的方法可以对每一名被试的数据进行视觉分析、计算效应量和运行分段回归分析等。R 程序包 SSD for R 的另一个独特功能就是群体数据分析。对 11 名自闭症青少年的社交技能按照阶段和测量次数分别进行描述性统计分析，也可以计算相应的效应量，还能进行 t 检验和卡方检验等。

[data] ssdgroup.csv

数据样例见图 9-1。

	A	B	C	D	E	F	G	H
1	Researche	Phase	Time	Y	Age	Grade	Ability	Case
2	1	A	1	125	17	1	2	1
3	1	A	1	87	15	1	2	2
4	1	A	1	48	18	3	2	3
5	1	A	1	124	17	3	3	4
6	1	A	1	85	18	4	2	5
7	2	A	1	144	17	2	2	6
8	2	A	1	77	18	1	1	7
9	2	A	1	140	15	1	1	8
10	2	A	1	133	18	3	2	9
11	3	A	1	131	16	2	3	10
12	3	A	1	124	17	2	3	11
13	1	A	2	125	17	1	2	1
14	1	A	2	87	15	1	2	2
15	1	A	2	48	18	3	2	3
16	1	A	2	124	17	3	3	4
17	1	A	2	85	18	4	2	5
18	2	A	2	144	17	2	2	6

图 9-1 ssdgroup.csv 数据样例

调用 R 程序包 SSD for R，读入数据文件 ssdgroup.csv，语句如下。

```
library(SSDforR)
Getcsv()
attach(ssd)
```

names(ssd)

或 listnames()

1. 对群体数据的描述性统计

1.1 根据测量次数对群体数据的描述性统计

以测量次数为横坐标，以社交技能为纵坐标，绘制 11 名自闭症青少年社交技能分布图。针对每一个测量次数，绘制 11 名被试社交技能分数的箱线图。第 6 次、第 7 次和第 8 次出现了极端值。社交技能分布见图 9-2。

根据测量次数对群体数据的描述性统计语句如下。

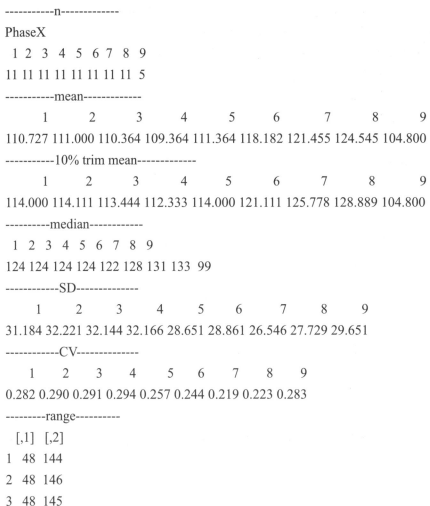

```
ABdescrip(Y,Time)
-----------n-------------
PhaseX
 1 2 3 4 5 6 7 8 9
11 11 11 11 11 11 11 11 5
-----------mean-------------
       1       2       3       4       5       6       7       8       9
110.727 111.000 110.364 109.364 111.364 118.182 121.455 124.545 104.800
-----------10% trim mean-------------
       1       2       3       4       5       6       7       8       9
114.000 114.111 113.444 112.333 114.000 121.111 125.778 128.889 104.800
----------median------------
 1   2   3   4   5   6   7   8   9
124 124 124 124 122 128 131 133  99
------------SD--------------
      1      2      3      4      5      6      7      8      9
31.184 32.221 32.144 32.166 28.651 28.861 26.546 27.729 29.651
------------CV--------------
     1     2     3     4     5     6     7     8     9
0.282 0.290 0.291 0.294 0.257 0.244 0.219 0.223 0.283
---------range----------
  [,1]  [,2]
1  48  144
2  48  146
3  48  145
```

```
4  48  144

5  55  144

6  55  155

7  59  145

8  61  149

9  62  133

---------iqr----------
   1   2   3   4   5   6   7   8   9
46.0 50.5 50.5 50.5 39.5 31.0 24.5 32.0 36.0
---------quantiles----------
$`1`
 0% 25% 50% 75% 100%
 48   86  124  132  144

$`2`
  0%  25%   50%   75%  100%
48.0  86.0 124.0 136.5 146.0

$`3`
  0%  25%   50%   75%  100%
48.0  86.0 124.0 136.5 145.0

$`4`
  0%  25%   50%   75%  100%
48.0  86.0 124.0 136.5 144.0

$`5`
  0%  25%   50%   75%  100%
55.0  91.5 122.0 131.0 144.0

$`6`
  0%   25%    50%   75%  100%
55.0 103.5 128.0 134.5 155.0

$`7`
  0%   25%    50%   75%  100%
59.0 112.5 131.0 137.0 145.0

$`8`
```

0% 25% 50% 75% 100%

61   112   133   144   149

$`9`

0% 25% 50% 75% 100%

62   97   99   133   133

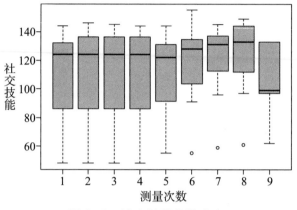

图 9-2 社交技能分数分布

在社交技能分数分布图的基础上，依据基线期中位数增加辅助线（见图 9-3 ）。在基线期和干预期之间增加分割线（见图 9-4 ）。第 6 次、第 7 次和第 8 次的中位数高于基线期的中位数（ 124 ）。第 5 次的中位数略低于参照值，第 9 次的中位数远远低于此值。

增加群体数据中位数辅助线的语句如下。

```
Gmedian(Y,Phase,"A")
```

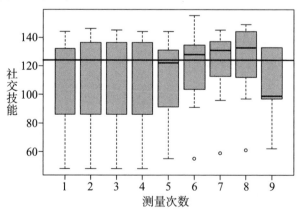

图 9-3 社交技能分数分布（增加基线期中位数辅助线）

增加基线期与干预期之间的分割线，语句如下。

ABlineD(Y)

accept line? (y/n) y

或 ABlines(Y)

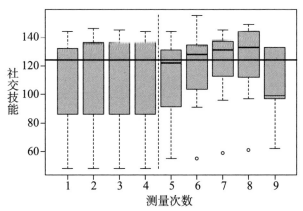

图 9-4　社交技能分数分布（增加基线期中位数辅助线、干
预期和基线期的分割线）

1.2　根据阶段对群体数据的描述性统计

　　以阶段为横坐标，以社交技能为纵坐标，绘制 11 名自闭症青少年社交技能
分布图。从箱线图（见图 9-5）可以看出，干预期的中位数略高于基线期，而离
散程度略小于基线期。

　　根据阶段对群体数据的描述性统计语句如下。

ABdescrip(Y,Phase)

Click the mouse in the gap between the phases you want the line in.

-----------n-------------

PhaseX

 A B

44 49

-----------mean-------------

　　 A　　　 B

110.364 117.449

-----------10% trim mean-------------

　　 A　　　 B

113.472 120.195

----------median------------

 A B

124 129

------------SD--------------

  A   B

30.804 27.664

------------CV--------------

  A   B

0.279 0.236

---------range----------

  [,1] [,2]

A 48 146

B 55 155

---------iqr----------

  A   B

49.75 41.00

---------quantiles----------

$A

  0%   25%   50%   75%   100%

 48.00 85.00 124.00 134.75 146.00

$B

 0% 25% 50% 75% 100%

 55   97 129   138   155

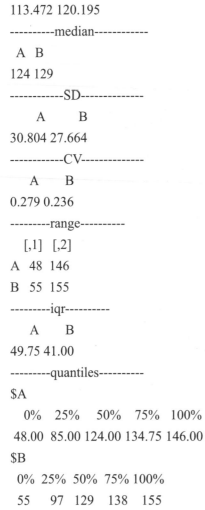
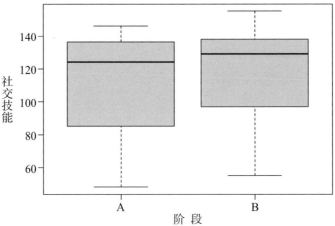

图 9-5　各阶段的社交技能分布

2. 效应量计算

计算标准化的平均数之差，ES=0.23001，d-index=0.24273，Hedges' g =0.24073。按照经验标准，效应量处于比较低的水平。将基线期与干预期进行比较，平均数之差为 7.085，基线期的标准差为 30.804，则 ES 等于 0.230（7.085/30.804≈0.230）。

群体数据效应量语句如下。

Effectsize(Y,Phase,"A","B")

(s)ave, (a)ppend, or (n)either results? (s/a or n) n

small effect size: <.87

medium effect size: .87 to 2.67

large effect size: >2.67

```
*****************************************************
********************ES******************************
                    B                   B
"ES=      "   "0.23001" "% change="     "9.1"


       lower    effect    upper
B -0.1790451 0.23001 0.6378153
*****************d-index*****************************
                    A                   A
"d-index= "   "0.24273" "% change="     "-9.59"


       lower    effect    upper
A -0.6306388 -0.242/331 0.1665149
****************Hedges' g****************************
                    A                   A
"Hedges' g="  "0.24073" "% change="     "-9.51"


       lower    effect    upper
A -0.1684849 0.24073 0.6486362
****************Pearson's r**************************
[1] 0.122
****************R-squared****************************
[1] 0.015
```

对于 11 名被试的非重叠效应量，可以采用元分析的方法进行汇总。第 11 章元分析部分将会详细介绍。

3. 自相关检验

对基线期的数据进行自相关检验。值得注意的是，变量名 Phase 和 Time 不能调换顺序。自相关检验的 tf2=1.357，rf2=1.384，p=0.208，表明基线期数据不存在自相关。同时自动生成基线期自相关检验的回归线（见图 9-6）。

基线期数据自相关检验语句如下。

GABrf2(Y,Phase,Time,"A")

```
                    1
"tf2="  "1.357"
                    1
"rf2="  "1.384"
                        1
"sig of rf2="      "0.208"
----------regression------------


Call:
lm(formula = A ~ x1)

Residuals:
        1        2        3        4
  -0.3455  0.4000  0.2364 -0.2909


Coefficients:
            Estimate Std.    Error t value Pr(>|t|)
(Intercept) 111.5455    0.5611 198.784 2.53e-05 ***
x1          -0.4727    0.2049   -2.307    0.147

---
Signif. codes:  0 '***' 0.001 '**' 0.01 '*' 0.05 '.' 0.1 ' ' 1


Residual standard error: 0.4582 on 2 degrees of freedom
Multiple R-squared:  0.7269, Adjusted R-squared:  0.5903
F-statistic: 5.323 on 1 and 2 DF,  p-value: 0.1474
```

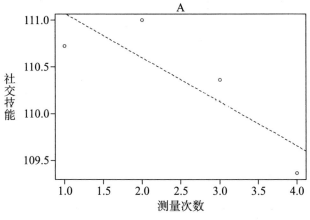

图 9-6　基线期自相关检验的回归线

对干预期的数据进行自相关检验。值得注意的是，变量名 Phase 和 Time
不能调换顺序。自相关检验的 rf2=0.231，tf2=0.253，p=0.805，表明干预期数据
不存在自相关。同时自动生成干预期自相关检验的回归线（见图 9-7）。

干预期数据自相关检验语句如下。

GABrf2(Y,Phase,Time,"B")

```
                 5
 "tf2=" "0.253"
                 5
 "rf2=" "0.231"
                    5
"sig of rf2="     "0.805"
-----------regression-----------


Call:
lm(formula = A ~ x1)


Residuals:
     5      6      7      8      9
-6.058  1.436  5.385  9.153 -9.916


Coefficients:
```

```
                   Estimate Std. Error t value Pr(>|t|)
(Intercept)     118.0982    9.5719  12.338  0.00115 **
x1              -0.6764     2.8860  -0.234  0.82979
---
Signif. codes:  0 '***' 0.001 '**' 0.01 '*' 0.05 '.' 0.1 ' ' 1

Residual standard error: 9.126 on 3 degrees of freedom
Multiple R-squared:  0.01798,        Adjusted R-squared:  -0.3094
F-statistic: 0.05492 on 1 and 3 DF,  p-value: 0.8298
```

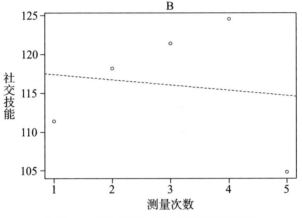

图 9-7　干预期自相关检验的回归线

4.　卡方检验

　　以基线期社交技能的中位数为分界点，将自闭症青少年两个阶段的测量数据划分为 FALSE 组（不在预期区域，低于中位数）和 TRUE 组（在预期区域，高于中位数）。

　　"[, 1]" 表示基线期，"[, 2]" 表示干预期。

　　卡方检验就是通过考察双向表的频数，检验基线期和干预期的社交技能是否存在差异。检验结果为，$\chi^2 = 1.7529$，df = 1，p = 0.1855，表明基线期和干预期的社交技能不存在显著差异。基线期有 45.455% 的数据高于基线期的中位数，干预期有 59.184% 的数据高于基线期的中位数。自动生成的图形（见图 9-8）中，与横坐标平行的线表示基线期的中位数（124）。

　　根据基线期中位数分组的卡方检验语句如下。

medabove(Y,Phase,"A","B")
```
        [,1] [,2]
FALSE  24  20
TRUE   20  29
              [,1]        [,2]
FALSE 54.54545 45.45455
TRUE  40.81633 59.18367
              [,1]        [,2]
FALSE 54.54545 40.81633
TRUE  45.45455 59.18367
```

Pearson's Chi-squared test

data: ctbl
X-squared = 1.7529, df = 1, p-value = 0.1855

Fisher's Exact Test for Count Data

data: ctbl
p-value = 0.2158
alternative hypothesis: true odds ratio is not equal to 1
95 percent confidence interval:
 0.7070606 4.2968165
sample estimates:
odds ratio
  1.729558

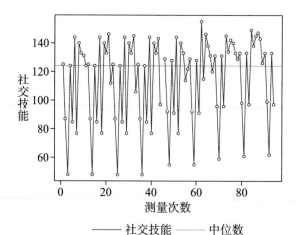

图 9-8　根据基线期中位数分组的卡方检验

与第 8 章介绍的卡方检验类似，也可以按照平均数、去尾平均数和回归线分组对群体数据进行卡方检验，语句如下。

meanabove(Y,Phase,"A","B")

trimabove(Y,Phase,"A","B")

regabove(Y,Phase,"A","B")

robregabove(Y,Phase,"A","B")

5.　t 检验

采用 t 检验分析基线期和干预期是否存在差异。方差齐性检验 p= 0.002318，表明方差不齐。则采用 Welch t 检验的结果，t = −1.5916, df = 4.0804，p= 0.1853，表明基线期和干预期的社交技能没有显著差异。用图形的形式呈现基线期和干预期的平均数（见图 9-9）。

群体数据 t 检验语句如下。

GABttest(Y,Phase,Time,"A","B")

Two Sample t-test

data:　A and B

t = -1.4065, df = 7, p-value = 0.2024

alternative hypothesis: true difference in means is not equal to 0

95 percent confidence interval:

-15.297866　3.886957

sample estimates:

mean of x mean of y

 110.3636 116.0691

    F test to compare two variances

data: A and B

F = 0.008055, num df = 3, denom df = 4, p-value = 0.002318

alternative hypothesis: true ratio of variances is not equal to 1

95 percent confidence interval:

 0.0008071785 0.1216382993

sample estimates:

ratio of variances

    0.008054994

    Welch Two Sample t-test

data: A and B

t = -1.5916, df = 4.0804, p-value = 0.1853

alternative hypothesis: true difference in means is not equal to 0

95 percent confidence interval:

 -15.581494 4.170585

sample estimates:

mean of x mean of y

 110.3636 116.0691

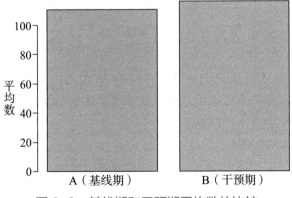

图 9-9　基线期和干预期平均数的比较

值得注意的是，B 阶段的平均数这里为 116.0691，而根据前面描述统计 ABdescrip（Y，Phase）的运行结果，B 阶段的平均数为 117.449。

6. X – R chart 展示群体平均数的变化

在图 9-10 中，横坐标为测量次数，纵坐标为 11 名被试的社交技能平均数，并绘制了上下两个标准差的辅助线。基线期平均数变化平缓，而干预期变化比较大，但是都在上下两个标准差范围之内。注意，运行语句时，如果出现 "Error in plot.new()：figure margins too large"（意为"错误：图边缘过大"），最好先关闭图形窗口，然后重新运行语句。

展示群体平均数变化的语句如下。

XRchart(Y,Time,2," 测量次数 "," 社交技能 "," 自闭症青少年的社交技能 (n=11)")

[1]"Uband=" "130.87"

[1] "mean= " "113.533"

[1]"Lband=" "96.197"

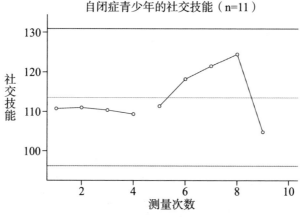

图 9-10　自闭症青少年社交技能的平均数变化

在基线期和干预期之间增加分割线（见图 9-11）。注意，运用语句 SPCline() 时，需点击两次鼠标才能绘制基线期和干预期的分割线。运用语句 ABlines（Y）时，点击一次即可。

增加分割线的语句如下。

SPCline()

accept line? (y/n) y

或 ABlines(Y)

accept line? (y/n) y

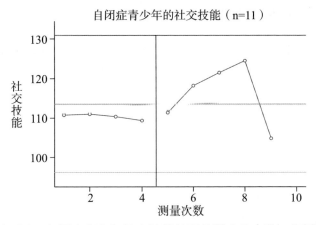

图 9-11 自闭症青少年社交技能的平均数变化（增加分割线）

三条水平线分别代表不同的含义：中间的线表示社交技能的平均数；上面的线表示平均数加上 2 个标准差；下面的线表示平均数减去 2 个标准差。在此基础上，添加数（见图 9-12）。注意，输入语句时，数一定要加上引号。

添加数的语句如下。

ABtext("130.87")

ABtext("113.533")

ABtext("96.197")

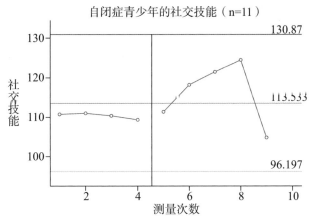

图 9-12 自闭症青少年社交技能的平均数变化（添加数）

图 9-12 中 9 个点的纵坐标就是 11 名被试社交技能的平均值。

7. R-chart 展示群体标准差的变化

在图 9-13 中，横坐标为测量次数，纵坐标为 11 名被试社交技能的标准差，并绘制了平均数和上下 2 个标准差的辅助线。基线期和干预期标准差变化不大。

展示群体标准差变化的语句如下。

Rchartsd(Y,Time,2," 测量次数 "," 社交技能 "," 自闭症青少年的社交技能标准差 (n=11)")

[1] "Uband=" "44.741"

[1] "mean= " "29.906"

[1] "Lband=" "15.071"

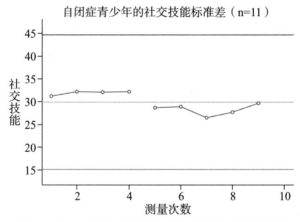

图 9-13　自闭症青少年社交技能的标准差变化

添加数的语句如下。

ABtext("44.741")

ABtext("29.906")

ABtext("15.071")

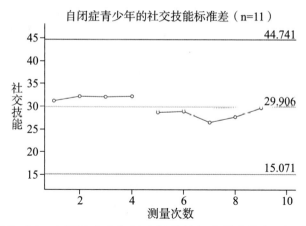

图 9-14　自闭症青少年社交技能的标准差变化（添加数）

增加分割线的语句如下。

SPCline()

accept line? (y/n) y

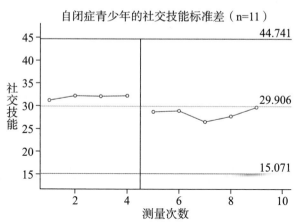

图 9-15　自闭症青少年社交技能的标准差变化（增加分割线）

添加数、增加分割线（见图 9-14 和图 9-15）之后，可以增加图例（见图 9-16）。需要注意的是，增加图例之后，图形就不可以再进行修改了。

增加图例的语句如下。

SPClegend()

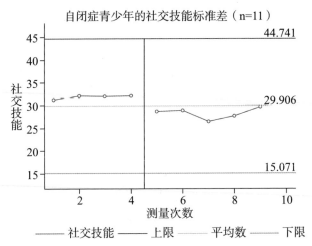

图 9-16 自闭症青少年社交技能的标准差变化（增加图例）

群体数据分析是 R 程序包 SSD for R 的特有功能，既可以进行描述性统计，又可以进行推断统计。进行描述性统计时，可以根据测量次数进行数据总结，也可以根据阶段进行总结。另外，还可以计算群体的效应量，提供干预效果证据。进行推断统计时，可以在得出假设检验结果的同时呈现具体的图形，从而提供更加丰富的信息。

第 10 章　多水平分析

教育研究中有些数据具有层级性，比如学生嵌套于班级，班级嵌套于学校。同一班级的学生、同一学校的班级之间彼此有关联，具有更高的相似性，这就需要进行多水平分析。同样，单一被试设计的数据彼此不独立，每名被试多次测量的数据嵌套于被试之中，也需要进行多水平分析。从本质上来说，多水平分析就是回归分析的延伸和拓展。

本章首先介绍如何通过 R 程序包 scan 进行多水平分段回归分析。接着分析如何通过 R 程序包 lme4 和 lmerTest 进行多水平分析。最后介绍 MultiSCED 网页应用程序的应用，同时也将运行结果与 scan 和 lme4 的结果进行比较分析。

1. 运用 R 程序包 scan 进行多水平分析

传统的分段回归分析只能对一名被试的数据进行运算。如果有多名被试，这时就需要进行多水平分段回归分析。当前，R 程序包 scan 只能进行两水平分析。以自闭症青少年社交技能干预的数据为例，同一被试测量 8 次或 9 次的社交技能分数属于第一水平，11 名被试属于第二水平。

多水平分段回归分析包括固定斜率和随机斜率两种情况。

1.1　固定斜率

多水平分段回归分析的默认状态是固定斜率，也就是趋势、水平改变和斜率改变对应的估计标准差为 0。趋势、水平的改变和斜率的改变不会因个体不同而不同。

【data】skillscan.csv

数据样例见图 10-1。

	A	B	C	D
1	case	phase	mt	values
2	1	0	1	125
3	1	0	2	125
4	1	0	3	125
5	1	0	4	125
6	1	1	5	129
7	1	1	6	129
8	1	1	7	131
9	1	1	8	133
10	1	1	9	133
11	2	0	1	87
12	2	0	2	87
13	2	0	3	87
14	2	0	4	87
15	2	1	5	92
16	2	1	6	92
17	2	1	7	96
18	2	1	8	98

图 10-1　skillscan.csv 数据样例

多水平分段回归分析（固定斜率）的语句如下。

library(scan)

study <- readSC()

Load file C:\Users\xhwan\Documents\ 书稿数据 \skillscan.csv

Imported 11 cases

hplm(study)

Hierarchical Piecewise Linear Regression

Estimation method ML

Contrast model: W / level: first, slope: first

11 Cases

ICC = 0.878; L = 151.9; p = 0.000

Fixed effects (values ~ 1 + mt + phase1 + inter1)

	B	SE	df	t	p
Intercept	111.073	8.730	79	12.724	0.000

Trend mt	-0.473	1.143	79	-0.414	0.680
Level phase 1	4.306	3.735	79	1.153	0.252
Slope phase 1	3.730	1.480	79	2.521	0.014

Random effects (~1 | case)

	EstimateSD
Intercept	27.460
Residual	8.293

从固定效应来看,趋势和水平的改变都没有达到显著水平,斜率的改变达到了显著水平。从随机效应来看,残差的标准差为 8.293。

1.2　随机斜率

多水平分段回归分析可以设定斜率随机,也就是趋势、水平改变和斜率改变对应的估计标准差不为 0,这些指标会因个体不同而不同。

多水平分段回归分析(随机斜率)的语句如下。

hplm(study, random.slopes = TRUE)
Hierarchical Piecewise Linear Regression

Estimation method ML
Contrast model: W / level: first, slope: first
11 Cases

ICC = 0.878; L = 151.9; p = 0.000

Fixed effects (values ~ 1 + mt + phase1 + inter1)

	B	SE	df	t	p
Intercept	111.073	9.256	79	12.000	0.000
Trend mt	-0.473	0.859	79	-0.550	0.584
Level phase 1	3.486	4.421	79	0.788	0.433
Slope phase 1	4.551	1.731	79	2.628	0.010

Random effects (~1 + mt + phase1 + inter1 | case)

	EstimateSD
Intercept	29.899
Trend mt	2.343
Level phase 1	13.461
Slope phase 1	5.246
Residual	3.379

从固定效应来看，趋势、水平改变没有达到显著水平，斜率改变达到了显著水平。从随机效应来看，残差的标准差变小了，值为 3.379。趋势、水平改变和斜率改变的标准差分别为 2.343、13.461 和 5.246。水平改变的变异比较大。

多水平分析的优势可以对多名被试的数据进行汇总分析，不仅可以得出 11 名自闭症青少年社交技能干预的趋势、水平改变和斜率改变的平均值，还可以考察这些系数在个体之间的变异程度。

2. 运用 R 程序包 lme4 和 lmerTest 进行多水平分析

对 11 名被试的社交技能数据进行多水平分析。同一被试的多次测量属于第一水平，被试属于第二水平，且重复测量的社交技能分数嵌套于每名被试之中。其中，"Case"表示被试，"Phase"表示阶段，"Time"表示测量次数。

分析时，使用了 lme4 和 lmerTest 两个 R 程序包。lme4 可以拟合混合效应模型，lmerTest 可以对模型进行显著性检验。具体模型包括随机截距和随机斜率等，其中随机斜率又进一步细分为两个斜率都随机、阶段斜率随机和测量次数斜率随机三种情况。

最后，在随机截距模型的基础上，增加测量次数和阶段的交互作用，生成新的模型。采用 anova 函数进行方差分析，比较两个回归分析模型的差异。此外，进一步考察多个模型，即交互作用的斜率随机模型、测量次数的斜率随机模型和阶段的斜率随机模型。

2.1 随机截距

读入数据有两种方法，建议选用第一种。

方法一：

【data】ssdgroup.csv

读入数据的语句如下。

```
library(SSDforR)
Getcsv()
attach(ssd)
```

方法二：

【 data 】group.csv

读入数据的语句如下。

setwd("C:/Users/xhwan/Documents/ 书稿数据 ")

study <- read.csv("group.csv")

attach(study)

多水平分析（随机截距）的语句如下。

install.packages("lme4")

install.packages("lmerTest")

library(lme4)

library(lmerTest)

multilevel.model <- lmer(Y~Phase+Time+(1|Case))

summary(multilevel.model)

Linear mixed model fit by REML. t-tests use Satterthwaite's method [

lmerModLmerTest]

Formula: Y ~ Phase + Time + (1 | Case)

REML criterion at convergence: 703.3

Scaled residuals:

Min	1Q Median	3Q	Max
-2.6405	-0.2457 -0.0095	0.2532	3.9473

Random effects:

Groups	Name	Variance	Std.Dev.
Case	(Intercept)	822.55	28.680
Residual		76.29	8.734

Number of obs: 93, groups: Case, 11

Fixed effects:

	Estimate	Std. Error	df	t value	Pr(>|t|)
(Intercept)	105.9792	8.9445	11.1984	11.848	1.11e-07 ***
Phase	1.3568	3.6542	80.0118	0.371	0.7114
Time	1.7538	0.7477	80.0245	2.346	0.0215 *

Signif. codes: 0 '***' 0.001 '**' 0.01 '*' 0.05 '.' 0.1 ' ' 1

Correlation of Fixed Effects:

	(Intr)	Phase
Phase	0.128	
Time	-0.209	-0.868

VarCorr(multilevel.model)

Groups	Name	Std.Dev.
Case	(Intercept)	28.6801
Residual		8.7342

coef(multilevel.model)

$Case

	(Intercept)	PhaseB	Time
1	118.67972	1.356809	1.753791
2	82.38704	1.356809	1.753791
3	44.88461	1.356809	1.753791
4	118.01985	1.356809	1.753791
5	80.95733	1.356809	1.753791
6	137.19268	1.356809	1.753791
7	88.13639	1.356809	1.753791
8	132.74425	1.356809	1.753791
9	127.43085	1.356809	1.753791
10	126.93658	1.356809	1.753791
11	108.40145	1.356809	1.753791

attr(,"class")

[1] "coef.mer"

在随机截距的情况下，斜率保持固定，也就是 11 名被试有着相同的斜率。阶段的斜率都是 1.356809，测量次数的斜率都是 1.753791。结果表明，阶段对社交技能影响不显著。测量次数对社交技能有显著影响，测量次数每增加 1 次，则社交技能增加 1.753791。

2.2　随机斜率

2.2.1　阶段和测量次数的斜率随机

多水平分析（阶段和测量次数的斜率随机）的语句如下。

multilevel.model2 <- lmer(Y~Phase+(Phase|Case) +Time+(Time|Case))

summary(multilevel.model2)

Linear mixed model fit by REML. t-tests use Satterthwaite's method [

lmerModLmerTest]

Formula: Y ~ Phase + (Phase | Case) + Time + (Time | Case)

REML criterion at convergence: 672.6

Scaled residuals:

Min	1Q	Median	3Q	Max
-4.4583	-0.2327	-0.0117	0.2064	2.5222

Random effects:

Groups	Name	Variance	Std.Dev.	Corr
Case	(Intercept)	875.729	29.593	
	PhaseB	82.703	9.094	-0.57
Case.1	(Intercept)	386.770	19.666	
	Time	5.242	2.289	-0.91
Residual		36.303	6.025	

Number of obs: 93, groups: Case, 11

Fixed effects:

	Estimate	Std. Error	df	t value	Pr(>|t|)	
(Intercept)	105.6348	10.8314	8.4563	9.753	6.92e-06	***
PhaseB	0.9436	3.7360	12.7394	0.253	0.8046	
Time	1.8915	0.8671	11.7970	2.181	0.0501	.

Signif. codes: 0 '***' 0.001 '**' 0.01 '*' 0.05 '.' 0.1 ' ' 1

Correlation of Fixed Effects:

	(Intr)	PhaseB
PhaseB	-0.294	
Time	-0.468	-0.357

VarCorr(multilevel.model2)

Groups Name   Std.Dev. Corr

```
   Case    (Intercept)  29.5927
           PhaseB        9.0941   -0.571
   Case.1  (Intercept)  19.6665
           Time          2.2894   -0.905
   Residual             6.0252
coef(multilevel.model2)
$Case
```

	(Intercept)	PhaseB	Time
1	125.39741	0.4631164	1.1794279
2	58.96745	2.3296045	1.4545961
3	-12.25327	5.0120161	1.4307904
4	124.87437	0.4653733	1.3142243
5	55.08351	3.2227370	1.4413996
6	157.94298	-0.3527195	0.9736392
7	97.52439	7.3760575	7.4704525
8	151.34146	-1.1814839	1.0269032
9	147.55805	-1.4700075	1.9527419
10	170.61452	-17.1700052	2.5487192
11	84.93180	11.6845129	0.0140385

```
attr(,"class")
[1] "coef.mer"
```

对于模型 multilevel.model2，两个斜率都随机，从固定效应来看，阶段和测量次数对社交技能影响都不显著。从随机效应来看，阶段回归系数的变异大于测量次数。

两个斜率都随机，还可以使用另一种模型 multilevel.model2a。它与模型 multilevel.model2 的不同表现在两个方面。第一，两个随机斜率彼此是相关的，系数为 -0.53。第二，对于随机效应，只有一个截距的方差（1135.771）。

多水平分析（阶段和测量次数的斜率随机）的语句如下。

```
multilevel.model2a <- lmer(Y~Phase+Time+(Phase + Time|Case))
summary(multilevel.model2a)
Linear mixed model fit by REML. t-tests use Satterthwaite's method [
lmerModLmerTest]
Formula: Y ~ Phase + Time + (Phase + Time | Case)
```

REML criterion at convergence: 671.1

Scaled residuals:
```
    Min    1Q  Median     3Q     Max
-4.2310 -0.2589  0.0054  0.1839  2.6259
```

Random effects:
```
 Groups  Name       Variance Std.Dev. Corr
 Case    (Intercept) 1135.771  33.701
         PhaseB       135.128  11.624  -0.22
         Time           8.145   2.854  -0.39 -0.53
 Residual              34.307   5.857
Number of obs: 93, groups:  Case, 11
```

Fixed effects:
```
            Estimate Std. Error      df t value Pr(>|t|)
(Intercept) 105.5763    10.2795  9.9962  10.271 1.25e-06 ***
PhaseB        0.8734     4.2876  9.5162   0.204    0.843
Time          1.9149     1.0011  9.0312   1.913    0.088 .
---
Signif. codes:  0 '***' 0.001 '**' 0.01 '*' 0.05 '.' 0.1 ' ' 1
```

Correlation of Fixed Effects:
```
       (Intr) PhaseB
PhaseB -0.135
Time   -0.396 -0.631
VarCorr(multilevel.model2a)
 Groups  Name       Std.Dev. Corr
 Case    (Intercept) 33.7012
         PhaseB      11.6244  -0.223
         Time         2.8539  -0.392 -0.535
 Residual             5.8572
coef(multilevel.model2a)
$Case
```

	(Intercept)	PhaseB	Time
1	122.38261	1.3055406	1.0334750
2	83.41310	2.7771585	1.3690222
3	44.47892	5.6026496	1.3037472
4	120.98954	1.1480298	1.1965916
5	81.65588	3.9094828	1.3061119
6	142.20544	0.9113678	0.7314629
7	57.42438	2.2636091	8.4187564
8	137.70096	-0.3379109	0.8790796
9	127.77382	-1.9576474	2.0744698
10	129.42262	-23.5299066	4.0221701
11	113.89239	17.5152112	-1.2707484

attr(,"class")

[1] "coef.mer"

2.2.2 阶段的斜率随机

多水平分析（阶段的斜率随机）的语句如下。

multilevel.model3 <- lmer(Y~Phase+(Phase|Case) +Time)

summary(multilevel.model3)

Linear mixed model fit by REML. t-tests use Satterthwaite's method [

lmerModLmerTest]

Formula: Y ~ Phase + (Phase | Case) + Time

REML criterion at convergence: 680.6

Scaled residuals:

```
    Min     1Q Median    3Q    Max
-4.9059 -0.2313 -0.0416 0.1669 3.2446
```

Random effects:

Groups	Name	Variance	Std.Dev.	Corr
Case	(Intercept)	995.11	31.545	
	PhaseB	117.32	10.831	-0.57
Residual		46.67	6.831	

Number of obs: 93, groups: Case, 11

Fixed effects:

	Estimate	Std. Error	df	t value	Pr(>|t|)	
(Intercept)	105.9288	9.6789	10.4762	10.944	4.6e-07	***
PhaseB	1.2964	4.3428	21.0875	0.299	0.76824	
Time	1.7739	0.5872	70.2146	3.021	0.00351	**

Signif. codes: 0 '***' 0.001 '**' 0.01 '*' 0.05 '.' 0.1 ' ' 1

Correlation of Fixed Effects:

	(Intr)	PhaseB
PhaseB	-0.361	
Time	-0.152	-0.572

VarCorr(multilevel.model3)

Groups	Name	Std.Dev.	Corr
Case	(Intercept)	31.5454	
	PhaseB	10.8313	-0.572
Residual		6.8313	

coef(multilevel.model3)

$Case

	(Intercept)	PhaseB	Time
1	120.36960	-1.7610497	1.77394
2	82.28539	1.2514928	1.77394
3	43.15412	3.9701655	1.77394
4	119.41936	-1.2492607	1.77394
5	80.36555	2.1139391	1.77394
6	139.43793	-3.0491019	1.77394
7	75.19598	26.4479076	1.77394
8	135.31198	-3.7062324	1.77394
9	128.56416	-0.9237889	1.77394
10	135.22494	-14.9540580	1.77394
11	105.88763	6.1199554	1.77394

attr(,"class")

[1] "coef.mer"

阶段斜率随机，测量次数斜率固定。从固定效应来看，阶段对社交技能的影响不显著，回归系数为 1.2964，p=0.76824。测量次数对社交技能的影响达到了极其显著水平，回归系数为 1.7739，p=0.00351，也就是测量次数每增加 1 次，社交技能增加 1.7739。

2.2.3 测量次数的斜率随机

多水平分析（测量次数的斜率随机）的语句如下。

multilevel.model4 <- lmer(Y~Phase+Time+(Time|Case))

summary(multilevel.model4)

Linear mixed model fit by REML. t-tests use Satterthwaite's method [lmerModLmerTest]

Formula: Y ~ Phase + Time + (Time | Case)

REML criterion at convergence: 677.9

Scaled residuals:

Min	1Q	Median	3Q	Max
-3.6520	-0.2085	0.0123	0.1957	2.4226

Random effects:

Groups	Name	Variance	Std.Dev.	Corr
Case	(Intercept)	1201.231	34.659	
	Time	6.036	2.457	-0.64
Residual		43.710	6.611	

Number of obs: 93, groups: Case, 11

Fixed effects:

	Estimate	Std. Error	df	t value	Pr(>|t|)
(Intercept)	105.7276	10.5953	10.1409	9.979	1.45e-06 ***
PhaseB	1.0549	2.7821	69.9585	0.379	0.7057
Time	1.8544	0.9375	18.2811	1.978	0.0632 .

Signif. codes: 0 '***' 0.001 '**' 0.01 '*' 0.05 '.' 0.1 ' ' 1

Correlation of Fixed Effects:

	(Intr)	PhaseB
PhaseB	0.084	

Time　　-0.585 -0.532

VarCorr(multilevel.model4)

Groups　Name　　　Std.Dev.　Corr

　Case　　(Intercept)　34.6588

　　　　　Time　　　　2.4567　-0.644

　Rcsidual　　　　　　6.6114

coef(multilevel.model4)

$Case

	(Intercept)	PhaseB	Time
1	122.29332	1.054949	1.0776473
2	82.83981	1.054949	1.6819550
3	43.03349	1.054949	2.1150215
4	120.95602	1.054949	1.2119341
5	80.78926	1.054949	1.8044715
6	142.28161	1.054949	0.6919680
7	57.99270	1.054949	8.4193550
8	138.15066	1.054949	0.6182497
9	128.86675	1.054949	1.4892607
10	137.33156	1.054949	-0.4865216
11	108.46850	1.054949	1.7751798

attr(,"class")

[1] "coef.mer"

阶段斜率固定，测量次数斜率随机。阶段和测量次数对社交技能的影响都不显著。前者的回归系数为 1.0549，p=0.7057。后者的回归系数为 1.8544，p=0.0632。

2.3　增加交互作用（Phase*Time）

2.3.1　随机截距

多水平分析（随机截距）的语句如下。

```
interaction.model <- lmer(Y~Phase+Time+Phase*Time+(1|Case))
summary(interaction.model)
Linear mixed model fit by REML. t-tests use Satterthwaite's method [
lmerModLmerTest]
Formula: Y ~ Phase + Time + Phase * Time + (1 | Case)
```

REML criterion at convergence: 694.5

Scaled residuals:
Min	1Q	Median	3Q	Max
-2.4428	-0.1956	-0.0212	0.2709	3.8365

Random effects:
Groups	Name	Variance	Std.Dev.
Case	(Intercept)	829.99	28.810
Residual		71.39	8.449

Number of obs: 93, groups: Case, 11

Fixed effects:
	Estimate	Std. Error	df	t value	Pr(>|t|)
(Intercept)	111.5455	9.2298	12.4722	12.085	2.98e-08 ***
Phase	-14.3537	7.1429	79.0228	-2.010	0.0479 *
Time	-0.4727	1.1393	79.0033	-0.415	0.6793
Phase:Time	3.7317	1.4746	79.0160	2.531	0.0134 *

Signif. codes: 0 '***' 0.001 '**' 0.01 '*' 0.05 '.' 0.1 ' ' 1

Correlation of Fixed Effects:
	(Intr)	Phase	Time
Phase	-0.148		
Time	-0.309	0.399	
Phase:Time	0.238	-0.869	-0.773

在随机截距模型的基础上，增加了阶段和测量次数的交互作用，从固定效应来看，阶段的回归系数为 −14.3537，p=0.0479。交互项的回归系数为 3.7317，p=0.0134。这两个回归系数都达到了显著水平。

对有交互作用的模型和无交互作用的模型进行比较，语句如下。

anova(multilevel.model,interaction.model)

refitting model(s) with ML (instead of REML)

Data: NULL

Models:

multilevel.model: Y ~ Phase + Time + (1 | Case)

interaction.model: Y ~ Phase + Time + Phase * Time + (1 | Case)

```
                npar AIC    BIC logLik  deviance Chisq Df Pr(>Chisq)
multilevel.model   5 723.70 736.36 -356.85   713.70
interaction.model  6 719.32 734.51 -353.66   707.32 6.3799  1   0.01154 *
---
Signif. codes:  0 '***' 0.001 '**' 0.01 '*' 0.05 '.' 0.1 ' ' 1
```

对两个模型进行比较，p=0.01154，达到了显著水平，表明两个模型是有差异的，有交互作用的模型优于无交互作用的模型。

2.3.2　交互作用的斜率随机

多水平分析（交互作用的斜率随机）的语句如下。

```
interaction.model2 <-
lmer(Y~Phase+Time+Phase*Time+(Phase*Time|Case))
summary(interaction.model2)
Linear mixed model fit by REML. t-tests use Satterthwaite's method [
lmerModLmerTest]
Formula: Y ~ Phase + Time + Phase * Time + (Phase * Time | Case)

REML criterion at convergence: 612.2

Scaled residuals:
     Min       1Q   Median       3Q      Max
-2.70225  -0.23002  -0.03586  0.16895  2.74568

Random effects:
 Groups  Name       Variance Std.Dev. Corr
 Case    (Intercept)  986.421 31.407
         Phase        765.710 27.671   0.17
         Time           6.267  2.503  -0.05  -0.27
         Phase:Time    30.759  5.546  -0.27  -0.87  -0.21
 Residual              11.405  3.377
Number of obs: 93, groups:  Case, 11

Fixed effects:
            Estimate Std. Error     df t     value   Pr(>|t|)
(Intercept) 111.5455   9.5514  9.9999  11.678  3.77e-07 ***
```

Phase	-19.3110	8.8563	9.6850	-2.180	0.0551 .
Time	-0.4727	0.8815	10.0001	-0.536	0.6035
Phase:Time	4.5579	1.7783	9.7705	2.563	0.0287 *

Signif. codes: 0 '***' 0.001 '**' 0.01 '*' 0.05 '.' 0.1 ' ' 1

Correlation of Fixed Effects:

	(Intr)	Phase	Time
Phase	0.137		
Time	-0.108	-0.150	
Phase:Time	-0.218	-0.869	-0.298

将阶段和测量次数的交互作用设定为随机，从固定效应来看，交互项的回归系数为 4.5579，p=0.0287，达到了显著水平。

2.3.3 测量次数的斜率随机

多水平分析（测量次数的斜率随机）的语句如下。

```
interaction.model3 <- lmer(Y~Phase+Time+(Time|Case)+Phase*Time)
summary(interaction.model3)
```

Linear mixed model fit by REML. t-tests use Satterthwaite's method [lmerModLmerTest]

Formula: Y ~ Phase + Time + (Time | Case) + Phase * Time

REML criterion at convergence: 663

Scaled residuals:

Min	1Q	Median	3Q	Max
-3.5879	-0.2522	-0.0157	0.2856	2.3806

Random effects:

Groups	Name	Variance	Std.Dev.	Corr
Case	(Intercept)	1192.282	34.529	
	Time	6.399	2.530	-0.62
Residual		36.503	6.042	

Number of obs: 93, groups: Case, 11

Fixed effects:

	Estimate	Std. Error	df	t value	Pr(>|t|)	
(Intercept)	111.5455	10.6474	10.5647	10.476	6.54e-07	***
Phase	-16.0280	5.1937	69.3922	-3.086	0.002913	**
Time	-0.4727	1.1160	32.0409	-0.424	0.674696	
Phase:Time	4.0107	1.0660	69.1650	3.762	0.000349	***

Signif. codes: 0 '***' 0.001 '**' 0.01 '*' 0.05 '.' 0.1 ' ' 1

Correlation of Fixed Effects:

	(Intr)	Phase	Time
Phase	-0.090		
Time	-0.552	0.286	
Phase:Time	0.146	-0.872	-0.558

将测量次数的斜率设定为随机，从固定效应来看，阶段的回归系数为 -16.0280，p=0.002913，达到了极其显著水平。交互项的回归系数为 4.0107，p=0.000349，达到了极其显著水平。

2.3.4 阶段的斜率随机

多水平分析（阶段的斜率随机）的语句如下。

interaction.model4 <- lmer(Y~Phase+(Phase|Case)+Time+Phase*Time)
summary(interaction.model4)
Linear mixed model fit by REML. t-tests use Satterthwaite's method [
lmerModLmerTest]
Formula: Y ~ Phase + (Phase | Case) + Time + Phase * Time

REML criterion at convergence: 667.7

Scaled residuals:

Min	1Q	Median	3Q	Max
-4.9792	-0.1904	-0.0042	0.1632	3.0586

Random effects:

Groups	Name	Variance	Std.Dev.	Corr
Case	(Intercept)	996.76	31.571	
	Phase	121.79	11.036	-0.55
Residual		40.29	6.348	

Number of obs: 93, groups: Case, 11

Fixed effects:

	Estimate	Std. Error	df	t value	Pr(>|t|)
(Intercept)	111.5455	9.8035	11.0213	11.378	1.97e-07 ***
Phase	-14.7572	6.3349	58.7655	-2.330	0.02329 *
Time	-0.4727	0.8559	68.8897	-0.552	0.58253
Phase:Time	3.7989	1.1111	69.0822	3.419	0.00106 **

Signif. codes: 0 '***' 0.001 '**' 0.01 '*' 0.05 '.' 0.1 ' ' 1

Correlation of Fixed Effects:

	(Intr)	Phase	Time
Phase	-0.368		
Time	-0.218	0.338	
Phase:Time	0.168	-0.740	-0.770

将阶段斜率设定为随机，从固定效应来看，阶段的回归系数为 −14.7572，p=0.02329，达到了显著水平。交互项的回归系数为 3.7989，p=0.00106，达到了极其显著水平。

不同的模型会得出不同的结果。模型中是否加入交互作用，哪些系数设定为随机，通常需要结合理论和前人研究作出选择。

3. 运用 MultiSCED 进行多水平分析

MultiSCED 网页应用程序可用于对单一被试数据进行多水平分析。该程序也是运用 R 语言开发的。与前面介绍的 Shiny SCDA 网页应用程序一样，在 Shiny 框架下，可以通过点击界面实现对数据的输入和分析（Declercq, Cools, & Beretvas et al., 2020）。但是该软件目前只适用于 AB 设计。

【data】skill.csv
数据样例见图 10-2。

◢	A	B	C	D	E	F	G	H
1	Researche	Phase	Time	Y	Age	Grade	Ability	Case
2	1	0	1	125	17	1	2	1
3	1	0	2	125	17	1	2	1
4	1	0	3	125	17	1	2	1
5	1	0	4	125	17	1	2	1
6	1	1	5	129	17	1	2	1
7	1	1	6	129	17	1	2	1
8	1	1	7	131	17	1	2	1
9	1	1	8	133	17	1	2	1
10	1	1	9	133	17	1	2	1
11	1	0	1	87	15	1	2	2
12	1	0	2	87	15	1	2	2
13	1	0	3	87	15	1	2	2
14	1	0	4	87	15	1	2	2
15	1	1	5	92	15	1	2	2
16	1	1	6	92	15	1	2	2
17	1	1	7	96	15	1	2	2
18	1	1	8	98	15	1	2	2
19	1	1	9	99	15	1	2	2
20	1	0	1	48	18	3	2	3

图 10-2　skill.csv 数据样例

对自闭症青少年社交技能干预项目的数据进行多水平分析，可以分为以下四个步骤。

第一步，输入数据（见图 10-3）。读入数据文件 skill.csv。

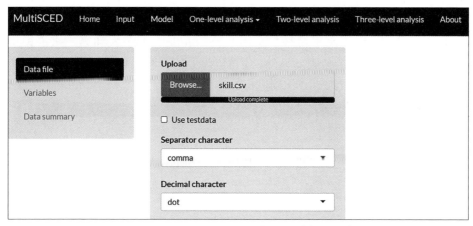

图 10-3　MultiSCED 的操作（第一步）

第二步，选择变量（见图 10-4）。选择分析的基本变量，包括因变量（Y），被试变量（Case，第二水平的变量）、研究变量（Researcher，第三水平的变量）、阶段变量（Phase）和测量次数变量（Time）。最后勾选测量次数变量中心化（Center time variable）。

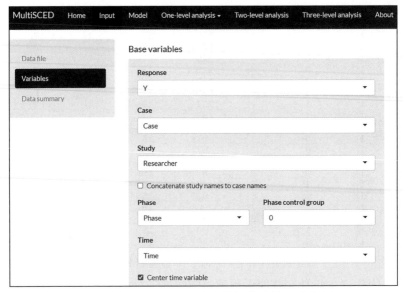

图 10-4 MultiSCED 的操作（第二步）

第三步，确定模型（见图 10-5）。固定效应（Fixed effects）和随机效应（Random effects）部分都选择截距（intercept）、测量次数（Time）、阶段（Phase）和测量次数 * 阶段（Phase × Time）。右侧呈现了第一水平模型（One-level model）的公式、第二水平模型（Two-level model）的公式和第三水平模型（Three-level model）的公式。另外，还可以将原始分数转化为标准分数。本研究采用同一量表测量因变量，无须进行标准化处理。

图 10-5 MultiSCED 的操作（第三步）

第四步，选择第三水平分析标签"Three-level analysis"。实质上是对第二水平的总体分析，也就是将三个研究点的第二水平分析进行了综合。

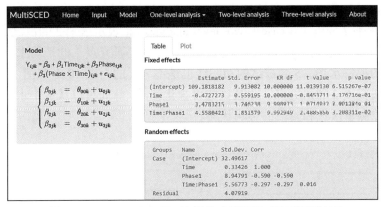

图 10-6　MultiSCED 的操作（第四步）和运行结果

从图 10-6 可以看出，只有 Time × Phase 的系数显著，说明斜率改变显著。而水平改变和趋势都不显著。将 MultiSCED 的运行结果与前面多水平分段回归分析的结果进行比较，见表 10-1。固定效应部分的结果基本相同，随机效应部分各个系数的标准差略有不同，表明固定效应的估计更具稳定性。另外，MultiSCED 和 scan 对测量次数都进行了中心化处理。

将 MultiSCED 的运行结果与前面的交互作用的斜率随机模型（运用 R 程序包 lme4 计算）进行比较。就固定效应部分而言，水平改变前者为 3.478，后者为 −19.311，差异很大，其他系数没有差异。因为后者计算交互作用时没有对测量次数进行中心化，所以对水平改变的结果产生了影响，而对截距、趋势和斜率改变都没有影响。就随机效应部分而言，除了水平改变，其他各个系数的标准差也略有不同。

表 10-1　MultiSCED 与 scan、lme4 多水平分析结果比较

		截距	趋势	水平改变	斜率改变	残差
固定效应	MultiSCED	109.182	−0.473	3.478	4.558	−
	scan	111.073	−0.473	3.486	4.551	−
	lme4	111.546	−0.473	−19.311	4.558	−
随机效应	MultiSCED	32.496	0.334	8.948	5.568	4.079
	scan	29.899	2.343	13.461	5.246	3.379
	lme4	31.407	2.503	27.671	5.546	3.377

MultiSCED 不仅可以得出各个系数的具体数值，还可以用图形表示各个水平社交技能随测量次数的变化而变化的情况。数据的可视化分析也是 MultiSCED 优于其他软件之处。图 10-7 展示了研究点 1 中 5 名被试的可视化信息。将蓝色的线标记为"研究点（水平 2 分析）"［study（two-level analysis）］，表示研究点 1 的平均水平，回归线对应的回归系数就是多水平分析

固定效应的结果。对 5 名被试来说，这条线都是一样的。将灰色的线标记为"被试（水平 2 分析）"［case（two-level analysis）］，表示水平 2 的被试信息，考虑被试归属于研究点 1，这条线对应的回归系数是研究点 1 的平均水平加上每名被试的独特水平。5 名被试的回归线也是不一样的。图 10-8 和图 10-9 分别展示了研究点 2 和研究点 3 中被试的可视化信息，从而可以从各个水平了解社交技能受测量次数和阶段的影响状况。

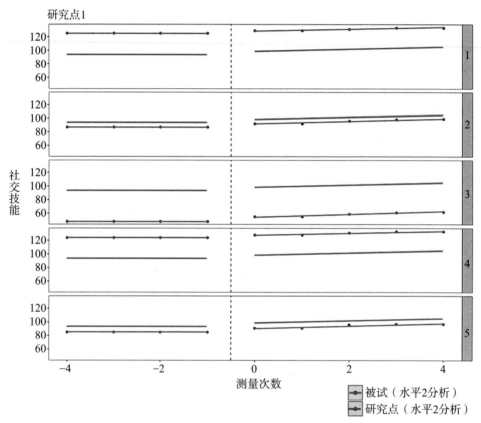

图 10-7　研究点 1（5 名被试）水平 2 的数据图

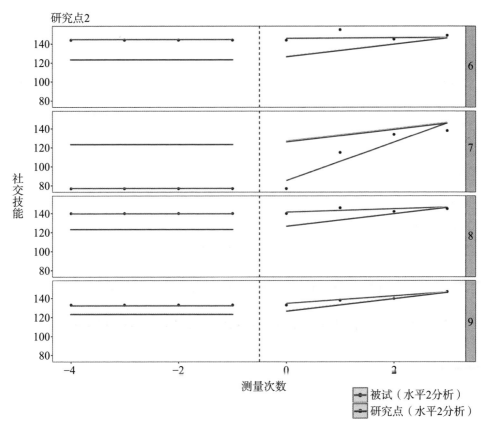

图 10-8　研究点 2（4 名被试）水平 2 的数据图

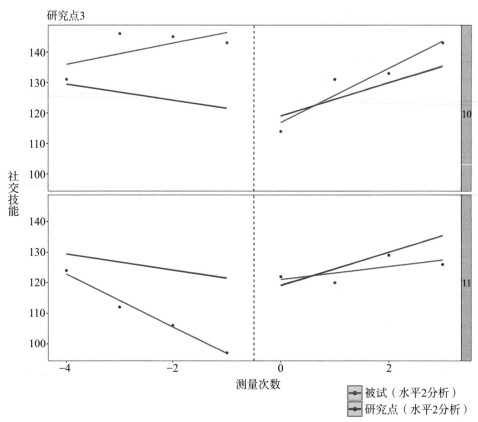

图 10-9　研究点 3（2 名被试）水平 2 的数据图

第 11 章元分析将继续探讨 MultiSCED 网页应用程序的操作使用。

第 11 章　元分析

元分析是对不同研究的结果进行汇总分析的统计方法。将元分析应用于单一被试设计，可以整合多个研究的结果，从而考察干预效果。实际运算时，可以依托效应量进行分析，也可以运用原始数据进行分析。

分析效应量时，可以运用 R 程序包 scan 对效应量 Tau-U 直接进行汇总，也可以运用 R 程序包 SSD for R 对效应量 NAP 和平均数之差（d-index）进行分析。

分析原始数据时，可以运用 MultiSCED 网页应用程序进行三水平分析。第 10 章介绍了两水平分析，每名被试的重复测量为第一水平，被试水平为第二水平。在此基础上增加第三水平，也就是研究水平，从而可以考察不同研究的单一被试数据的汇总结果。

单一被试设计的数据量比较小，通常已发表的论文都会呈现原始数据。如果没有，也可以通过专门的数据提取软件获取。第 12 章将会详细介绍数据提取的软件操作。

本章采用的数据来自 11 名自闭症青少年社交技能的干预项目。将 11 名自闭症青少年的数据看作来自 11 项研究，进行元分析。还可以充分考虑数据的嵌套结构关系，即其中 5 名被试属于研究点 1，4 名被试属于研究点 2，2 名被试属于研究点 3，进行多水平元分析。

1.　运用 R 程序包 scan 进行元分析

运用 scan 进行元分析时，可以用 tau_u() 语句对多名被试的效应量 Tau-U 直接进行汇总。

【data】skillscan.csv

元分析的语句如下。

library(scan)

[34mscan 0.57 (2023-02-24)

[31mFor information on citing scan, type citation("scan").

载入程序包 : 'scan'

The following objects are masked from 'package:psych':

 describe, outlier

study <- readSC()

Load file C:\Users\xhwan\Documents\ 书稿数据 \skillscan.csv

Imported 11 cases

tau_u(study)

Tau-U

Method: complete

Applied Kendall's Tau-b

95% CIs for tau are reported.

CI method:

Tau-U meta analyses:

Weight method: z

95% CIs are reported.

Model	Tau_U	se	CI lower	CI upper	z	p
A vs. B	1.00	0.13	1.00	1.00	Inf	0.0e+00
A vs. B - Trend A	0.63	0.13	0.45	0.76	5.8	8.6e-09
A vs. B + Trend B	0.91	0.13	0.85	0.94	11.8	5.1e-32
A vs. B + Trend B - Trend A	0.79	0.13	0.68	0.87	8.3	8.2e-17

Case: 1

	Tau	CI lower	CI upper	SD_S	Z	p
A vs. B	1.00	NaN	NaN	8.16	2.45	<.05
A vs. B - Trend A	0.74	0.15	0.94	8.20	2.44	<.05
A vs. B + Trend B	0.97	0.84	0.99	8.61	3.25	<.001

A vs. B + Trend B - Trend A 0.88　　　0.53　　　0.97　9.02　3.10 <.001

……

Case: 11

	Tau	CI lower	CI upper	SD_S	Z	p
A vs. B	0.75	0.10	0.95	6.93	1.73	.08
A vs. B - Trend A	0.73	0.04	0.95	7.53	2.39	<.05
A vs. B + Trend B	0.56	-0.23	0.91	7.53	1.86	.06
A vs. B + Trend B - Trend A	0.71	0.02	0.94	8.08	2.47	<.05

运行结果首先呈现的是汇总的效应量 Tau-U，如 Tau-U $_{A\ vs.\ B\ +\ Trend\ B\ -\ Trend\ A}$ =0.79。然后分别呈现每名被试的效应量。

如果想要获得效应量的标准误，可以使用以下语句。

tau_u(study) %>% print(complete=TRUE)

将元分析的结果保存为文件 total.csv，语句如下。

effect <- tau_u(study)

effect$Overall_tau_u

effect$Overall_tau_u$p

write.csv(effect$Overall_tau_u, "total.csv")

将每个个体的 Tau_U 结果保存为表格文件 single.xlsx，内含 11 个表格。注意需要先安装和调用 R 程序包 openxlsx（Schauberger & Walker, 2022）。另外，也可以对 11 名被试单独计算效应量，然后将结果保存为文件 single.xlsx。语句如下。

effect$table

install.packages("openxlsx")

library(openxlsx)

write.xlsx(effect$table, "single.xlsx")

【 data 】total.csv　single.xlsx

2.　运用 R 程序包 SSD for R 进行元分析

2.1　效应量 NAP 的计算

【 data 】skillSSD.csv

数据样例见图 11-1。

	A	B	C	D	E	F	G	H	I	J
1	phase1	values1	phase2	values2	phase3	values3	phase4	values4	phase5	values5
2	A	125	A	87	A	48	A	124	A	85
3	A	125	A	87	A	48	A	124	A	85
4	A	125	A	87	A	48	A	124	A	85
5	A	125	A	87	A	48	A	124	A	85
6	NA	NA	NA	NA	NA	NA	NA	NA	NA	NA
7	B	129	B	92	B	55	B	128	B	91
8	B	129	B	92	B	55	B	128	B	91
9	B	131	B	96	B	59	B	131	B	96
10	B	133	B	98	B	61	B	133	B	97
11	B	133	B	99	B	62	B	133	B	97

图 11-1　skillSSD.csv 数据样例

2.1.1　计算 11 名被试的效应量 NAP

读入数据的语句如下。

```
library(SSDforR)
Getcsv()
```

```
------------------------------------------------------------------------
1-Type attach(ssd) in the console and press <RETURN> to begin working with
the file
2-Type listnames() to review your variables and press <RETURN>
3-Before opening another file type detach(ssd) and press <RETURN>
------------------------------------------------------------------------
attach(ssd)
```

先创建新文件 skillnap.csv，然后计算效应量 NAP，语句如下。

```
NAPabove(values1,phase1,"A","B")
     ES Est           SE CI_lower CI_upper
1 NAP    1 0.0349106         1        1
------------------------------------------
.93 or above = very effective
.66 to .92 = moderate effectiveness
 below .66 = not effective
------------------------------------------
(s)ave, (a)ppend, or (n)either results? (s/a or n) s
Enter a behavior variable label case1
```

第一次算出效应量，选择保存 "s"。然后给第一个效应量增加一个变量标签 "case1"。这里需要打开文件 skillnap.csv 一次。

NAPabove(values2,phase2,"A","B")

```
    ES Est        SE CI_lower CI_upper
1 NAP    1 0.0349106        1        1
```

.93 or above = very effective

.66 to .92 = moderate effectiveness

below .66 = not effective

(s)ave, (a)ppend, or (n)either results? (s/a or n) a

Enter a behavior variable label case2

****************open file to append to**************************

****************save appended file**************************

第二次算出效应量，选择追加"a"。然后给第二个效应量增加一个变量标签"case2"。这里需要打开文件 skillnap.csv 两次。

继续上述操作，计算 11 名自闭症青少年社交技能的效应量 NAP 数据（见图 11-2）。

	A	B	C	D	E
1	napES	napSE	napCIL	napCIU	Label
2	1	0.034911	1	1	case1
3	1	0.034911	1	1	case2
4	1	0.034911	1	1	case3
5	1	0.034911	1	1	case4
6	1	0.034911	1	1	case5
7	0.875	0.125	0.452823	0.981189	case6
8	0.875	0.125	0.452823	0.981189	case7
9	0.875	0.125	0.452823	0.981189	case8
10	0.875	0.125	0.452823	0.981189	case9
11	0.1875	0.160109	0.037662	0.601694	case10
12	0.875	0.136216	0.452823	0.981189	case11

图 11-2　11 名被试的效应量 NAP 数据

2.1.2　对效应量 NAP 进行汇总

对效应量 NAP 进行汇总的语句如下。

【data】skillnap.csv

detach(ssd)

Getcsv()

```
-----------------------------------------------------------------------
1-Type attach(ssd) in the console and press <RETURN> to begin working with
the file
2-Type listnames() to review your variables and press <RETURN>
3-Before opening another file type detach(ssd) and press <RETURN>
-----------------------------------------------------------------------

attach(ssd)
meanNAP(napES,Label,"11 名自闭症青少年的效应量 NAP")
-----------mean-------------
[1] 0.8693182
------------SD--------------
[1] 0.2346116

------------------------------------------
.93 or above = very effective
.66 to .92 = moderate effectiveness
 below .66 = not effective
------------------------------------------
```

如果运行中出现"错误：图边缘过大"的提示，那么需要先关闭图形窗口，然后再次运行即可。

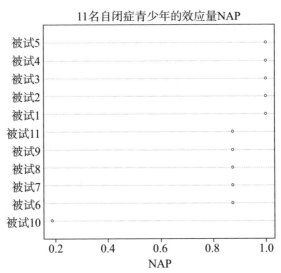

图 11-3　11 名被试的效应量 NAP

根据运行结果可知，效应量 NAP 的汇总结果为 0.8693182，达到了中等水平。图 11-3 按照从高到低的顺序呈现了 NAP，其中最大值为 1，最小值为 0.1875。

2.2　效应量平均数之差的计算

2.2.1　计算 11 名被试的平均数之差

【data】skillSSD.csv

效应量平均数之差汇总的语句如下。

detach(ssd)

Getcsv()

1-Type attach(ssd) in the console and press <RETURN> to begin working with the file

2-Type listnames() to review your variables and press <RETURN>

3-Before opening another file type detach(ssd) and press <RETURN>

----

attach(ssd)

先创建一个新文件 skillES.csv，其中没有任何数据。

计算第一名被试的平均数之差效应量，语句如下。

Effectsize(values1,phase1,"A","B")

small effect size: <.87

medium effect size: .87 to 2.67

large effect size: >2.67

****

*******************ES*******************************

	B		B
"ES=　　　"	"Inf"	"% change="	"50"

	lower	effect	upper
B	NA	Inf	NA

***************d-index*****************************

	A		A
"d-index=　"	"3.96863"	"% change="	"-50"

	lower	effect	upper
A	-6.353569	-3.968627	-1.511614

****************Hedges' g**************************

	A		A
"Hedges' g="	"3.52495"	"% change="	"-49.98"

```
            lower    effect     upper
A 1.251928 3.52495 5.720437
***************Pearson's r***********************
[1] 0.913
*************R-squared**************************
[1] 0.833
```

(s)ave, (a)ppend, or (n)either results? (s/a or n) s

Enter a behavior variable label case1

第一次算出效应量，选择保存"s"。然后给第一个效应量增加一个变量标签"case1"。这里需要打开文件 skillES.csv 一次。

计算第二名被试的平均数之差效应量，语句如下。

Effectsize(values2,phase2,"A","B")

```
small effect size: <.87
medium effect size: .87 to 2.67
large effect size: >2.67
*****************************************************
********************ES***********************************
                    B                    B
"ES=      "       "Inf"  "% change="        "50"

  lower effect upper
B  NA  Inf  NA
****************d-index***************************
                    A                    A
"d-index= "     "3.38132" "% change="     "-49.96"

          lower     effect     upper
A -5.517142 -3.381321 -1.166337
***************Hedges' g***********************
                    A                    A
"Hedges' g="     "3.0033"  "% change="     "-49.87"

          lower    effect     upper
A 0.9368826 3.0033 4.986825
***************Pearson's r***********************
```

[1] 0.885

*****************R-squared****************************

[1] 0.784

(s)ave, (a)ppend, or (n)either results? (s/a or n) a

Enter a behavior variable label case2

*****************open file to append to***************************

****************save appended file**************************

第二次算出效应量，选择追加 "a"。然后给第二个效应量增加一个变量标签 "case2"。这里需要打开文件 skillES.csv 两次。

继续上述操作，计算 11 名自闭症青少年社交技能的效应量 ES 数据（见图 11-4）。这个效应量就是 d-index，其计算方法是用两个阶段的平均数之差除以汇合的标准差。

	A	B	C
1	ES	V	Label
2	-3.96863	2.285714	case1
3	-3.38132	6.171429	case2
4	-4.1864	6.171429	case3
5	-3.47851	3.6	case4
6	-3.97222	5.6	case5
7	-1.20409	12.45833	case6
8	-1.97908	388.3333	case7
9	-1.66905	3.791667	case8
10	-1.58427	16.83333	case9
11	1.119287	96.58333	case10
12	-1.70588	72.25	case11

图 11-4　11 名被试的效应量 d-index 数据

2.2.2　对效应量 d-index 进行汇总

【 data 】skillES.csv

对效应量 d-index 进行汇总的语句如下。

detach(ssd)

Getcsv()

1-Type attach(ssd) in the console and press <RETURN> to begin working with the file

2-Type listnames() to review your variables and press <RETURN>

3-Before opening another file type detach(ssd) and press <RETURN>

----

attach(ssd)

meanES(ES,Label,"11 名自闭症青少年的效应量 d-index")

-----------mean-------------

[1] -2.364559

------------SD--------------

[1] 1.609668

------------% change-------------

[1] "% change=" "-49.1"

****

small effect size: <.87

medium effect size: .87 to 2.67

large effect size: >2.67

根据运行结果可知，效应量 d-index 的汇总结果为 -2.364559，达到了中等水平。图 11-5 呈现了 11 名被试的效应量 d-index。最右边的点表示被试 10，效应量为 1.119。最左边的点表示被试 3，效应量为 -4.186。

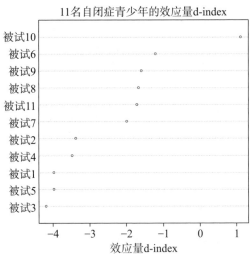

图 11-5 11 名被试的效应量 d-index

第 9 章群体数据分析中，曾计算过群体的效应量 d-index（0.2427331）。分别计算 11 名被试基线期、干预期数据的平均数，然后相减，最后除以汇合的标准差。而进行元分析时，先计算 11 名被试的效应量（用每名被试基线期、干预期数据平均数的差除以汇合的标准差），然后汇总。

这里的汇总，实际上计算了 11 名被试的效应量 d-index 的平均数。元分析的专门软件通常根据方差计算加权平均数。

元分析的语句如下。

metareg(ES,V)

Model Results:

	estimate	se	z	ci.l	ci.u	p
intrcpt	-3.207	0.779	-4.118	-4.734	-1.681	0

Heterogeneity & Fit:

	QE	QE.df	QEp	QM	QM.df	QMp
[1,]	1.870	10.000	0.997	16.955	1.000	0

	estimate	ci.lb	ci.ub
tau^2	0.0000	<0.0000	<0.0000
tau	0.0000	<0.0000	<0.0000
I^2(%)	0.0000	<0.0000	<0.0000
H^2	1.0000	<1.0000	<1.0000

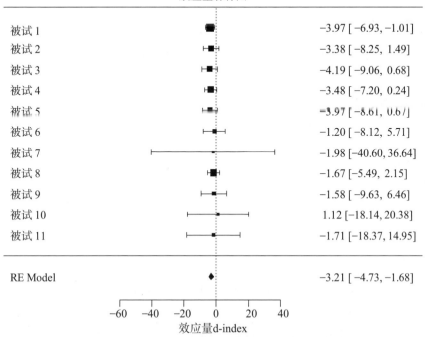

效应量森林图

图 11-6　11 名被试的效应量 d-index 的森林图

根据加权平均数计算的汇总效应量为 −3.207。森林图（见图 11−6）列出了每名被试的效应量，最下面报告了汇总效应量和 95% 的置信区间。

增加一个调节变量 spot，用于表示归属的研究点，保存为新的文件 skillES2.csv，数据样例见图 11−7。

【data】skillES2.csv

	A	B	C	D
1	ES	V	Label	spot
2	-3.96863	2.285714	case1	1
3	-3.38132	6.171429	case2	1
4	-4.1864	6.171429	case3	1
5	-3.47851	3.6	case4	1
6	-3.97222	5.6	case5	1
7	-1.20409	12.45833	case6	2
8	-1.97908	388.3333	case7	2
9	-1.66905	3.791667	case8	2
10	-1.58427	16.83333	case9	2
11	1.119287	96.58333	case10	3
12	-1.70588	72.25	case11	3

图 11−7　skillES2.csv 数据样例

增加调节变量的元分析语句如下。

detach()

Getcsv()

1-Type attach(ssd) in the console and press <RETURN> to begin working with the file

2-Type listnames() to review your variables and press <RETURN>

3-Before opening another file type detach(ssd) and press <RETURN>

----

attach(ssd)

metaregi(ES,factor(spot),V)

Model Results:

```
         estimate    se      z     ci.l    ci.u      p
intrcpt   -3.808  0.906  -4.203  -5.584  -2.032  0.000
i2         2.242  1.812   1.237  -1.310   5.793  0.216
i3         3.311  6.493   0.510  -9.414  16.036  0.610
```

Heterogeneity & Fit:

	QE	QE.df	QEp	QM	QM.df	QMp
[1,]	0.16	8.00	1.00	1.71	2.00	0.425

	estimate	ci.lb	ci.ub
tau^2	0.0000	<0.0000	<0.0000
tau	0.0000	<0.0000	<0.0000
I^2(%)	0.0000	<0.0000	<0.0000
H^2	1.0000	<1.0000	<1.0000

The upper and lower CI bounds for tau^2 both fall below 0.

The CIs are therefore equal to the null/empty set.

研究点变量对应的 p 为 0.216 和 0.610，都大于 0.05，表明研究点对效应量没有影响，也就是研究点 2 和研究点 3 的效应量都与研究点 1 没有差异。与图 11-6 相比，图 11-8 没有报告汇总效应量和 95% 的置信区间。

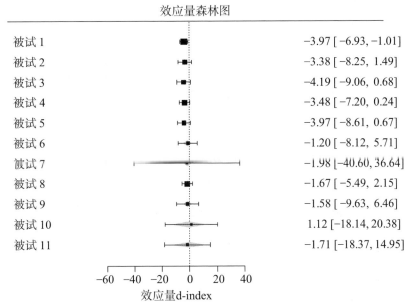

图 11-8　11 名被试的效应量 d-index 的森林图（增加调节变量）

3. 运用 MultiSCED 进行元分析

第 10 章讲解多水平分析时，运用 MultiSCED 网页应用程序进行了两水平分析。进行元分析时，可以拓展到三水平分析，同一被试重复测量的数据属于第一水平，被试属于第二水平（被试水平），研究点属于第三水平（研究水平）。以自闭症青少年社交技能干预的数据为例，同一被试测量 8 次或 9 次的社交技能分数属于第一水平，11 名被试属于第二水平，3 个研究点属于第三水平。

操作步骤同两水平分析（见图 11-9）。确定模型时，固定效应（Fixed effects）和随机效应（Random effects）部分都选择截距（intercept）、测量次数（Time）、阶段（Phase）和测量次数 * 阶段（Phase × Time）。在随机效应部分增加了研究水平（Study level）。

【data】skill.csv

图 11-9 MultiSCED 的模型确定

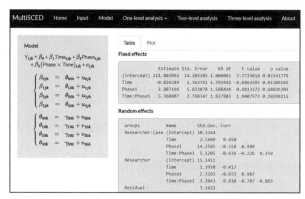

图 11-10 MultiSCED 的运行结果

选择第三水平分析标签 "Three-level analysis"。点击 "Table"，可以获得随机效应和固定效应的结果。从图 11-10 可以看出，在固定效应部分，除了截距，其他 3 个系数都不显著，说明趋势、水平改变和斜率改变都不显著。随机效应增加了第三水平的标准差。点击 "plot"，选择被试 1，绘制图 11-11。

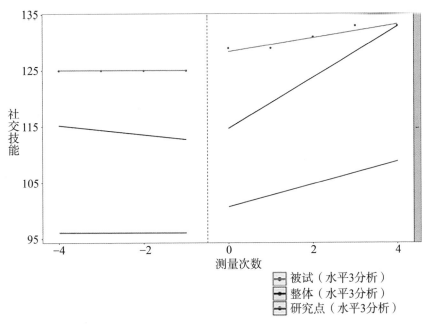

图 11-11　被试 1 在水平 3 上的数据图

中间的线条（黑色）标记为 "整体（水平 3 分析）"［overall（three-level analysis）］，表示 3 个研究点的平均水平，回归线体现了水平 3 固定效应的结果。对 11 名被试来说，这条线都是一样的。

最下面的线条（蓝色）标记为 "研究点（水平 3 分析）"［study（three-level analysis）］，表示各个研究点在总的平均水平加上该研究点的独特水平。同一研究点的被试（被试 1 到被试 5）有着相同的线条。

最上面的线条（灰色）标记为 "被试（水平 3 分析）"［case（three-level analysis）］，表示总的平均水平加上个体所属研究点的独特水平，再加上个体偏离所属研究点的独特水平。这是被试 1 特有的线条。

被试 1 的社交技能水平高于 3 个研究点的平均水平，高于所在研究点 1 的平均水平。但是干预期的斜率低于总的水平。

MultiSCED 可以进行多水平元分析，提供丰富的信息，但是当前只适用于 AB 设计。多水平元分析也存在一些问题。如果各个水平的样本量比较小，就很难准确地估计方差（Baek，Luo，& Lam，2023）。设定模型时须作出判断，是否选择测量次数或阶段、测量次数是否中心化、因变量是否标准化等，这些都给使用者带来了挑战。

本章介绍了 R 程序包 scan、SSD for R 的元分析操作。R 程序包 SCDA 也有专门的元分析子菜单，可以参考第 7 章的"7. 随机化检验与 p 汇总分析"部分。

第 12 章　其他应用┃

第 11 章介绍了元分析。进行元分析时需要分析基本研究的数据。单一被试设计研究通常会绘制单一被试图，可以先根据图形提取数据，再对多个研究进行汇总分析。本章首先介绍数据提取软件的使用，然后结合阅读干预和社交技能干预说明如何进行一致性分析，接着分析平均阶段之差（MPD）和标准化的平均数之差（SMD）。随后介绍单一被试研究的两个前沿领域，即交替处理设计的数据分析和机器学习的应用。最后总结了单一被试数据分析的应用程序。

1. 数据提取

前面 R 程序包的基础应用部分介绍了如何根据数据绘制图形。现在反过来，根据图形提取数据。数据提取软件有很多，这里主要介绍 WebPlotDigitizer 的使用。所使用的图形就是被试 W 的单一被试图（第 4 章图 4-4）。通过图形提取被试 W 的阅读分数。

【data】picturew.jpg　（图 4-4）

第一步，加载图形（见图 12-1）。

图 12-1　加载图形

第二步，对齐坐标轴（见图 12-2、图 12-3 和图 12-4）。首先，根据图 12-2 的提示，在 X 轴上点击两个点 X1 和 X2，同样在 Y 轴上点击两个点 Y1 和 Y2。图 12-3 的两个坐标轴上呈现了这四个点。然后，输入这四个点对应的坐标数据，见图 12-4。X1 和 X2 的值分别为 5 和 20。Y1 和 Y2 的值分别为 40 和 80。后面将会根据这四个点的信息确定其他点的坐标数据。

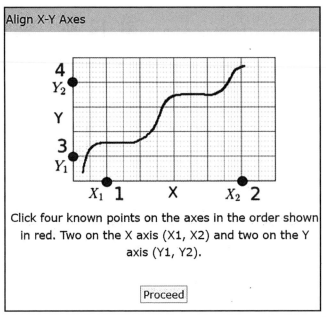

图 12-2 坐标轴对齐（自动提示如何在坐标轴上点击四个点）

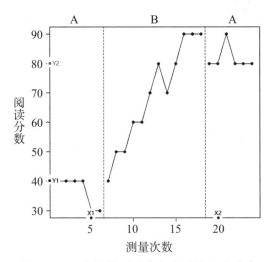

图 12-3 坐标轴对齐（点击选择四个点）

X and Y Axes Calibration

Enter X-values of the two points clicked on X-axis and Y-values of the two points clicked on Y-axes

	Point 1	Point 2	Log Scale
X-Axis:	5	20	☐
Y-Axis:	40	80	☐

☐ Assume axes are perfectly aligned with image coordinates (skip rotation correction)

*For dates, use yyyy/mm/dd hh:ii:ss format, where ii denotes minutes (e.g. 2013/10/23 or 2013/10 or 2013/10/23 10:15 or just 10:15). For exponents, enter values as 1e-3 for 10^-3.

OK

图 12-4　坐标轴对齐（输入四个点的坐标数据）

第三步，增加点。第二步是在坐标轴上选择点。现在是在非坐标轴的图形中选择点。也就是用鼠标点击图 12-5 中的 24 个数据点。

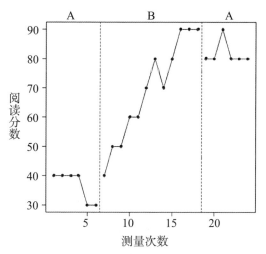

图 12-5　点击 24 个数据点

第四步，查看点。点击"查看数据"（View Data）按钮，出现图 12-6。这时可以查看数据并保存为 .csv 文件，从中可以看到 24 个数据点对应的横坐标和纵坐标。另外，也可以用 Plotly 绘图，就会出现图 12-7。提取的数据可能与原始数据有细微差异，那么可以结合图形对数据作一些调整。

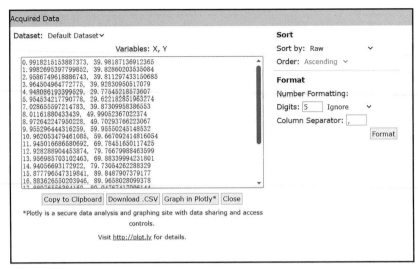

图 12-6　数据查看与保存

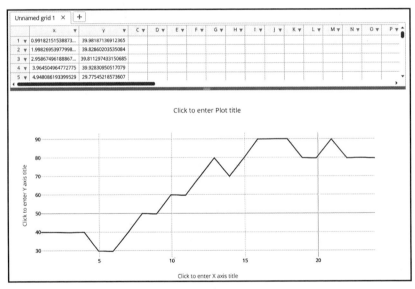

图 12-7　运用 Plotly 绘图

2.　一致性分析

　　一致性是单一被试设计的数据特征之一，通常用距离表示其程度。距离越短，则一致性程度越高。

　　一致性分析可以对测量数据的特征进行分析。根据数据特征的不同，具体包括平均数、体现即时改变的平均数、趋势和标准差的一致性分析。从另一个维度，又可以区分为阶段内（A 阶段、B 阶段）和阶段间（B-A 阶段差异）的一致性分析。

一致性分析也可以对测量数据直接进行分析，就是相似阶段的一致性分析，简称 CONDAP (CONsistency of DAta Patterns in similar phases)。撤回设计对相似阶段进行比较。对于多基线设计（或者重复的撤回设计），则对不同的被试进行比较。

本章首先介绍阅读干预的一致性分析，然后分析社交技能干预的一致性，都是对测量数据的特征进行分析。接着，结合阅读干预的数据论述如何进行相似阶段的一致性分析。最后，结合应用软件配套的数据探讨随机区组交替设计的一致性分析的操作和结果解释。值得注意的是，这里的一致性不同于第 1 章探讨的视觉分析与统计分析的一致性。

2.1 阅读干预的一致性分析（测量数据的特征）

对 2 名被试阅读干预的结果进行一致性分析。本节主要介绍平均数、体现即时改变的平均数、趋势和标准差的一致性分析。这里运用的是马诺洛夫的网页应用程序。

【data】studyabrinleyab.txt （去除了维持期的数据）

数据样例见图 12-8。

	Tier	Id	Time	Score	Phase
1	1	1	1	40	0
2	1	1	2	40	0
3	1	1	3	40	0
4	1	1	4	40	0
5	1	1	5	30	0
6	1	1	6	30	0
7	1	1	7	40	1
8	1	1	8	50	1
9	1	1	9	50	1
10	1	1	10	60	1
11	1	1	11	60	1
12	1	1	12	70	1
13	1	1	13	80	1
14	1	1	14	70	1
15	1	1	15	80	1
16	1	1	16	90	1
17	1	1	17	90	1
18	1	1	18	90	1
19	2	1	1	20	0
20	2	1	2	10	0

图 12-8 studyabrinleyab.txt 数据样例

Tier 表示被试 1 到 2。

Id 表示 A 阶段和 B 阶段的比较数，这里只有 1 个 A 阶段和 B 阶段的比较，所以所有值都是 1。

Time 表示测量次数 1 到 18。

Score 表示因变量阅读分数。

Phase 表示阶段，0 表示基线期，1 表示干预期。注意，这里必须用 0 和 1 来表示。

研究数为 1，每个研究的被试数为 2。

2.1.1 平均数的一致性分析

在图 12-9 中，选择单一被试设计的类型 "MBD or Reversal"（多基线设计或倒返设计），点击 "Mean: all data" 按钮，就可以进行平均数的一致性分析。然后，马诺洛夫网页应用程序会生成图 12-10，也就是 2 名被试的单一被试图，同时增加了各阶段的平均数辅助线。

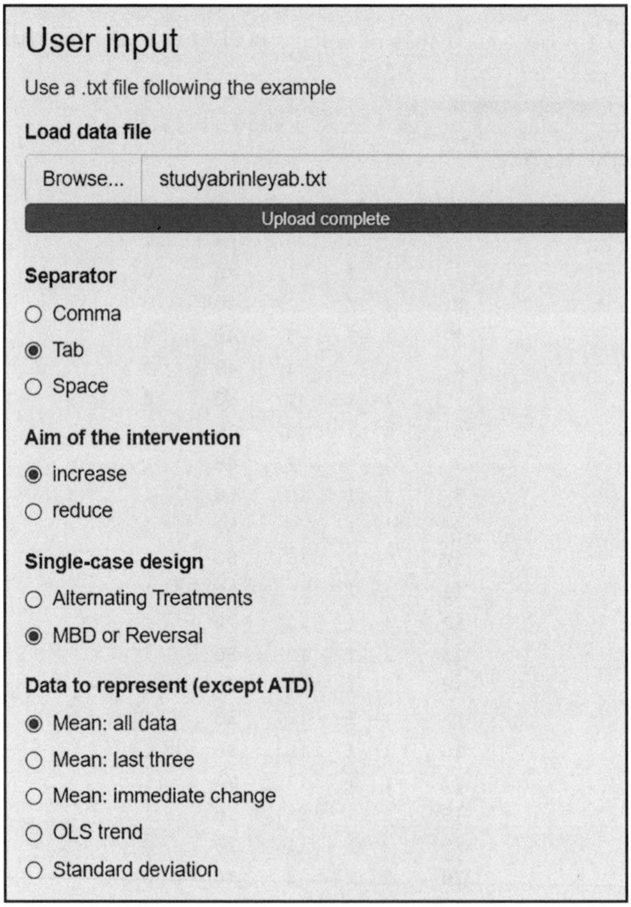

图 12-9　一致性分析的界面

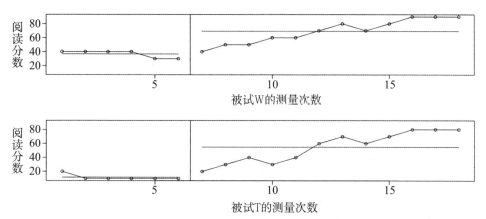

图 12-10 被试 W 和被试 T 的阅读分数随测量次数变化（增加平均数辅助线）

图 12-11 中的 2 个点表示 2 名被试，深蓝色的点表示被试 W（case1），浅蓝的点表示被试 T（case2）。横坐标为该点 A 阶段的平均数，纵坐标为该点 B 阶段的平均数。对角线表示 A 阶段、B 阶段的平均数相等。

偏离对角线越远，两个阶段的差异就越大。对角线上方，表示干预期的平均值高于基线期。对角线下方，表示干预期的平均值低于基线期。

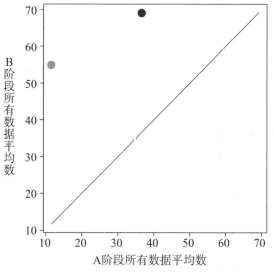

图 12-11 Brinley 主图（平均数）

点周围的线条表示 A 阶段、B 阶段的数据分布（见图 12-12 ）。线条长，说明数据比较分散。线条短，说明数据比较集中。

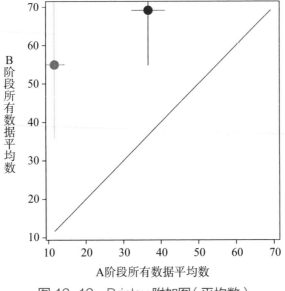

图 12-12　Brinley 附加图（平均数）

黑点（ 24.17, 62.08 ）表示每个阶段的总平均数。各点与黑点的水平距离表示 A 阶段的一致性（见图 12-13 ）。距离越短，则一致性程度越高。

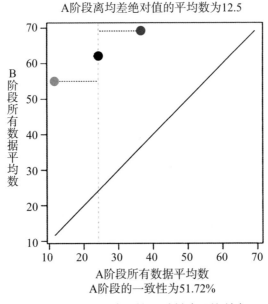

图 12-13　A 阶段的一致性（平均数）

各点与黑点的纵轴距离表示 B 阶段的一致性（见图 12-14）。距离越短，则一致性程度越高。

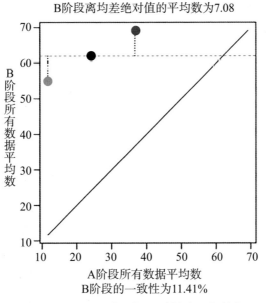

图 12-14　B 阶段的一致性（平均数）

各点与黑点的欧氏距离的平均数表示一致性（见图 12-15），这个值越小，则一致性程度越高。

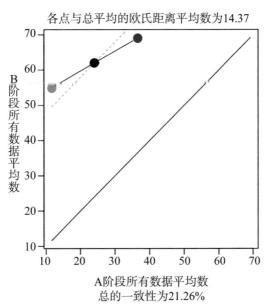

图 12-15　平均欧氏距离：总的一致性（平均数）

在图 12-16 中，虚线表示 B-A 阶段差异的平均数。虚线和实线之间的距离，在 Y 轴上为 37.92。各点与虚线的纵轴距离越接近，则阶段差异的绝对偏差越小，表明一致性程度更高。

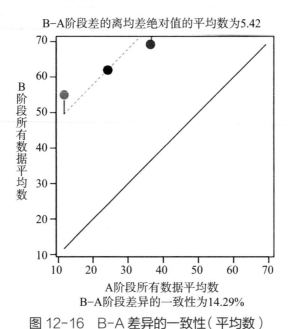

B-A阶段差的离均差绝对值的平均数为5.42

A阶段所有数据平均数

B-A阶段差异的一致性为14.29%

图 12-16　B-A 差异的一致性（平均数）

最后报告了一致性分析的量化结果（见图 12-17）。

```
       A mean  AbsDev(A mean)  B mean  AbsDev(B mean)  B-A diff  AbsDev(B-A diff)
1:1    36.67         12.5      69.17       7.08         32.50          5.42
2:1    11.67         12.5      55.00       7.08         43.33          5.42
MEAN   24.17         12.5      62.08       7.08         37.92          5.42


Overall A mean =  24.17
Overall B mean =  62.08
Overall B-A difference =  37.92

Mean Absolute deviation from the A mean =  12.5
Mean Absolute Percent deviations from the A mean =  51.72


Mean Absolute deviation from the B mean =  7.08
Mean Absolute Percent deviations from the B mean =  11.41


Mean Absolute deviation from the overall B-A difference =  5.42
Mean Absolute Percent deviations from the overall B-A difference =  14.29


Mean Euclidean Distance from the overall B-A difference =  14.37
Relative MED from the overall B-A difference =  21.26
```

图 12-17　一致性分析的量化结果（平均数）

A 阶段离均差绝对值的平均数除以两个点 A 阶段的平均数，再乘以 100。用于表示 A 阶段的一致性。

（12.5/24.17）*100=0.5172*100=51.72

B 阶段离均差绝对值的平均数除以两个点 B 阶段的平均数，再乘以 100。用于表示 B 阶段的一致性。

（7.08/62.08）*100=0.1141*100=11.41

B-A 阶段差的离均差的绝对值的平均数除以 B-A 阶段差的平均数，再乘以 100。用于表示 B-A 阶段差的一致性。

（5.42/37.92）*100=0.1429*100=14.29

2.1.2　体现即时改变的平均数的一致性分析

点击图 12-9 中的 "Mean: immediate change" 按钮，网页应用程序会生成图 12-18，也就是 2 名被试的单一被试图，同时增加了体现即时改变的平均数辅助线。

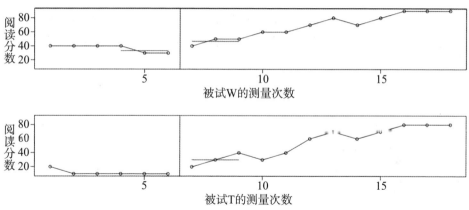

图 12-18　被试 W 和被试 T 的阅读分数随测量次数变化
（增加体现即时改变的平均数辅助线）

在图 12-19 中，横坐标表示 A 阶段最后 3 个数据的平均数，纵坐标表示 B 阶段最初 3 个数据的平均数。对角线表示 A 阶段最后 3 个数据的平均数和 B 阶段最初 3 个数据的平均数相等。

偏离对角线越远，两个阶段的即时改变就越大。对角线上方，表示干预期前 3 个数据的平均值高于基线期后 3 个数据的平均值。对角线下方，则相反。

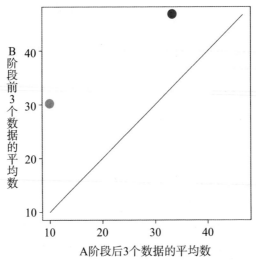

图 12-19　Brinley 主图（体现即时改变的平均数）

点旁边的线条表示 A 阶段后 3 个数据、B 阶段前 3 个数据的分布（见图 12-20）。线条长，说明数据比较分散。线条短，说明数据比较集中。

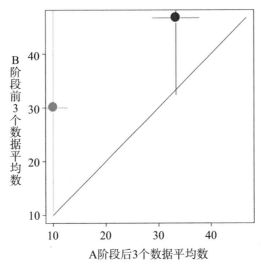

图 12-20　Brinley 附加图（体现即时改变的平均数）

黑点（21.67，38.33）表示每个阶段 3 个数据的总平均数（见图 12-21）。各点与黑点的水平距离表示 A 阶段的一致性。距离越短，则一致性程度越高。

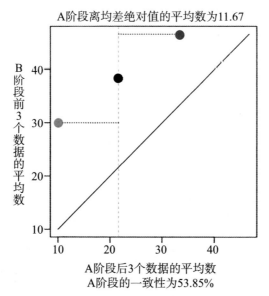

图 12-21 A 阶段的一致性（体现即时改变的平均数）

各点与黑点的纵轴距离表示 B 阶段的一致性（见图 12-22）。距离越短，则一致性程度越高。

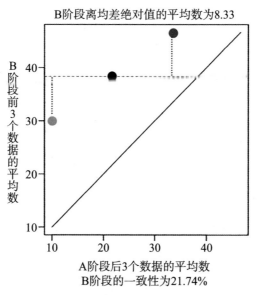

图 12-22 B 阶段的一致性（体现即时改变的平均数）

各点与黑点的欧氏距离的平均数表示一致性（见图 12-23），这个值越小，则一致性程度越高。

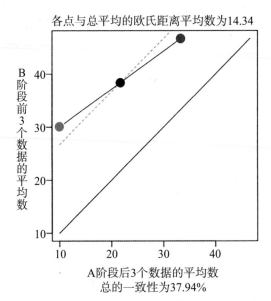

图 12-23 平均欧氏距离：总的一致性（体现即时改变的平均数）

虚线和实线之间，在 Y 轴上的距离为 16.67。各点与虚线的纵轴距离越接近，则阶段差异的绝对偏差越小，表明一致性程度更高（见图 12-24）。

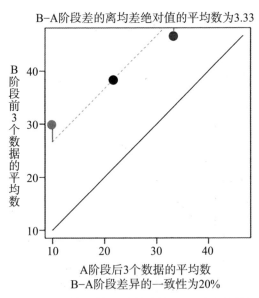

图 12-24 B-A 差异的一致性（体现即时改变的平均数）

最后报告了一致性分析的量化结果（见图 12-25）。

```
        A mean AbsDev(A mean) B mean AbsDev(B mean) B-A diff AbsDev(B-A diff)
1:1     33.33         11.67  46.67           8.33    13.33            3.33
2:1     10.00         11.67  30.00           8.33    20.00            3.33
MEAN    21.67         11.67  38.33           8.33    16.67            3.33


Overall A mean =  21.67
Overall B mean =  38.33
Overall B-A difference =  16.67

Mean Absolute deviation from the A mean =  11.67
Mean Absolute Percent deviations from the A mean =  53.85

Mean Absolute deviation from the B mean =  8.33
Mean Absolute Percent deviations from the B mean =  21.74

Mean Absolute deviation from the overall B-A difference =  3.33
Mean Absolute Percent deviations from the overall B-A difference =  20

Mean Euclidean Distance from the overall B-A difference =  14.34
Relative MED from the overall B-A difference =  37.94
```

图 12-25　一致性分析的量化结果（体现即时改变的平均数）

2.1.3　趋势的一致性分析

点选图 12-9 下方的"OLS trend"按钮，网页应用程序会生成图 12-26，也就是 2 名被试的单一被试图，同时增加了趋势辅助线。

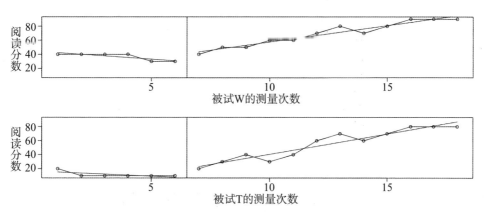

图 12-26　被试 W 和被试 T 的阅读分数随测量次数变化（增加趋势辅助线）

图 12-27 和图 12-28 中的 2 个点表示 2 名被试，深蓝色的点表示被试 1（即被试 W），浅蓝色的点表示被试 2（即被试 T）。横坐标为该点 A 阶段的趋势（回归系数），纵坐标为 B 阶段的趋势。对角线表示 A 阶段、B 阶段的趋势相等。

偏离对角线越远，两个阶段的差异就越大。对角线上方，表示干预期的趋势高于基线期。对角线下方，表示干预期的趋势低于基线期。

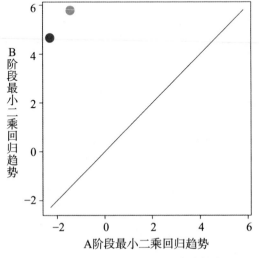

图 12-27　Brinley 主图（趋势）

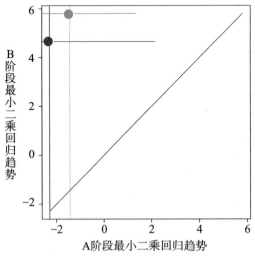

图 12-28　Brinley 附加图（趋势）

黑点（-1.86，5.23）表示趋势的总平均数。各点与黑点的水平距离表示 A
阶段的一致性（见图 12-29）。距离越短，则一致性程度越高。

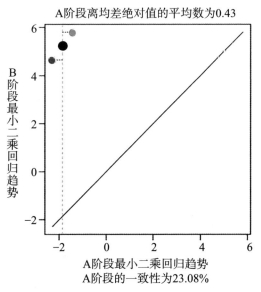

图 12-29　A 阶段的一致性（趋势）

各点与黑点的纵轴距离表示 B 阶段的一致性（见图 12-30）。距离越短，则
一致性程度越高。

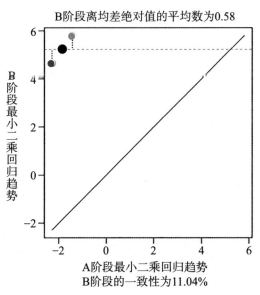

图 12-30　B 阶段的一致性（趋势）

各点与黑点的欧氏距离的平均数表示一致性（见图 12-31），这个值越小，则一致性程度越高。

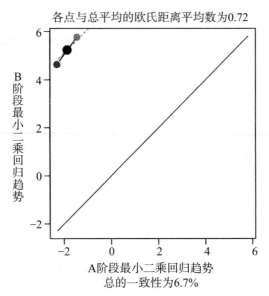

图 12-31　平均欧氏距离：总的一致性（趋势）

各点与虚线的纵轴距离越接近，则阶段差异的绝对偏差越小，表明更加一致（见图 12-32）。

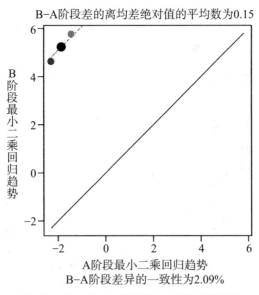

图 12-32　B-A 差异的一致性（趋势）

最后报告了一致性分析的量化结果（见图 12-33）。

```
      A trend AbsDev(A trend) B trend AbsDev(B trend) B-A diff AbsDev(B-A diff)
1:1    -2.29            0.43    4.65            0.58     6.94             0.15
2:1    -1.43            0.43    5.80            0.58     7.23             0.15
MEAN   -1.86            0.43    5.23            0.58     7.08             0.15


Overall A trend =  -1.86
Overall B trend =  5.23
Overall B-A difference in trend =  7.08

Mean Absolute Percent deviations from the A trend =  23.08

Mean Absolute deviation from the B trend =  0.58
Mean Absolute Percent deviations from the B trend =  11.04

Mean Absolute deviation from the overall B-A difference =  0.15
Mean Absolute Percent deviations from the overall B-A difference =  2.09

Mean Euclidean Distance from the overall B-A difference =  0.72
Relative MED from the overall B-A difference =  6.7
```

图 12-33　一致性分析的量化结果（趋势）

2.1.4　标准差的一致性分析

点击图 12-9 中的"Standard deviation"按钮，网页应用程序会生成图 12-34，也就是 2 名被试的单一被试图，同时增加了标准差辅助线。

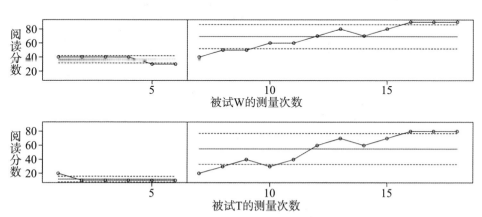

图 12-34　被试 W 和被试 T 的阅读分数随测量次数变化（标准差辅助线）

图 12-35 和图 12-36 中的 2 个点表示 2 名被试，深蓝色的点表示被试 1（即被试 W），浅蓝色的点表示被试 2（即被试 T）。横坐标为该点 A 阶段的标准差，纵坐标为 B 阶段的标准差。对角线表示 A 阶段、B 阶段标准差相等。

偏离对角线越远，两个阶段的差异就越大。对角线上方，表示干预期的标准差高于基线期。对角线下方，表示干预期的标准差低于基线期。

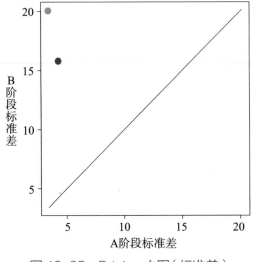

图 12-35　Brinley 主图（标准差）

点旁边的线条表示 A 阶段、B 阶段的数据分布（见图 12-36）。线条长，说明数据比较分散。线条短，说明数据比较集中。

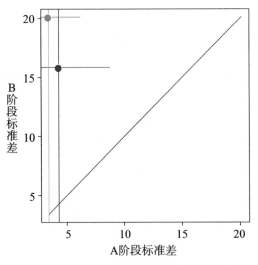

图 12-36　Brinley 附加图（标准差）

　　黑点（3.85，17.99）表示标准差的总平均数。各点与黑点的水平距离表示A 阶段的一致性（见图 12-37）。距离越短，则一致性程度越高。

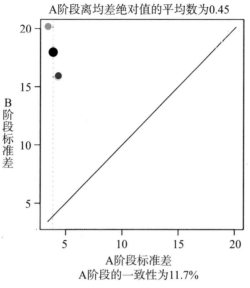

图 12-37　A 阶段的一致性（标准差）

　　各点与黑点的纵轴距离表示 B 阶段的一致性（见图 12-38）。距离越短，则一致性程度越高。

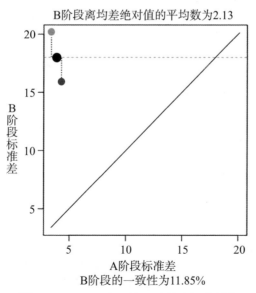

图 12-38　B 阶段的一致性（标准差）

各点与黑点的欧氏距离的平均数表示一致性（见图12-39），这个值越小，则一致性程度越高。

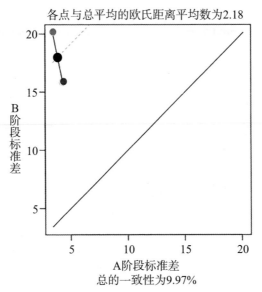

图 12-39　平均欧氏距离：总的一致性（标准差）

各点与虚线的纵轴距离越接近，则阶段差异的绝对偏差越小，表明一致性程度越高（见图12-40）。

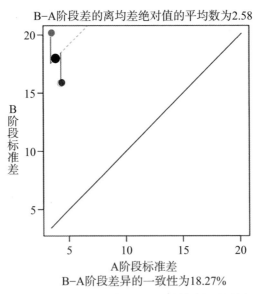

图 12-40　B-A 差异的一致性（标准差）

最后报告了一致性分析的量化结果（见图 12-41）。

```
    A st.dev AbsDev(A st.dev) B st.dev AbsDev(B st.dev) B-A diff
1:1     4.30             0.45    15.86             2.13    11.55
2:1     3.40             0.45    20.12             2.13    16.72
MEAN    3.85             0.45    17.99             2.13    14.14
        AbsDev(B A diff)
1:1             2.58
2:1             2.58
MEAN            2.58


Overall A standard deviation =  3.85
Overall B standard deviation =  17.99
Overall B-A difference in standard deviations =  14.14

Mean Absolute deviation from the A standard deviation = 0.45
Mean Absolute Percent deviations from the A standard deviation =  11.7

Mean Absolute deviation from the B standard deviation = 2.13
Mean Absolute Percent deviations from the B standard deviation =  11.85

Mean Absolute deviation from the overall B-A difference = 2.58
Mean Absolute Percent deviations from the overall B-A difference =  18.27

Mean Euclidean Distance from the overall B-A difference = 2.18
Relative MED from the overall B-A difference =  9.97
```

图 12-41　一致性分析的量化结果（标准差）

2.2　社交技能干预的一致性分析（测量数据的特征）

对 11 名被试社交技能干预的结果进行一致性分析。本节主要介绍平均数的一致性分析。这里运用马诺洛夫的网页应用程序进行分析。

【data】brinley.txt

数据样例见图 12-42。

Tier 表示被试 1 到 11。

Id 表示 AB 比较数，这里只有 1 个 AB 比较，所有值都是 1。

Time 表示测量次数，1 到 8（或 1 到 9）。

Score 表示因变量社交技能分数。

Phase 表示阶段，0 表示基线期，1 表示干预期。

研究数为 3，每个研究的被试数为 5，4，2。

	Tier	Id	Time	Score	Phase
1	1	1	1	125	0
2	1	1	2	125	0
3	1	1	3	125	0
4	1	1	4	125	0
5	1	1	5	129	1
6	1	1	6	129	1
7	1	1	7	131	1
8	1	1	8	133	1
9	1	1	9	133	1
10	2	1	1	87	0
11	2	1	2	87	0
12	2	1	3	87	0
13	2	1	4	87	0
14	2	1	5	92	1
15	2	1	6	92	1
16	2	1	7	96	1

图 12-42　brinley.txt
数据样例

图 12-43 中有 11 个点，横坐标为该点 A 阶段的平均数，纵坐标为 B 阶段的平均数。对角线表示 A 阶段、B 阶段平均数相等。

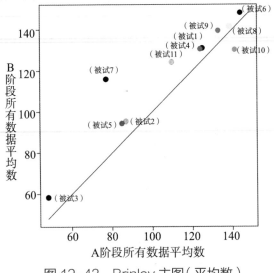

图 12-43　Brinley 主图（平均数）

点旁边的线条表示 A 阶段、B 阶段的数据分布（见图 12-44）。线条长，说明数据比较分散。线条短，说明数据比较集中。

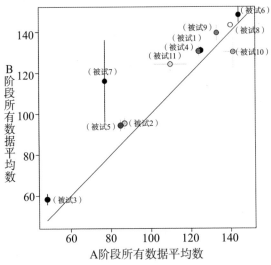

图 12-44　Brinley 附加图 1（平均数）

通过图 12-45 可以发现，除了被试 3.1.1（即被试 10），其他被试都处于对角线的上方，表示干预期高于基线期。其中被试 2.2.1（即被试 7）尤为突出。

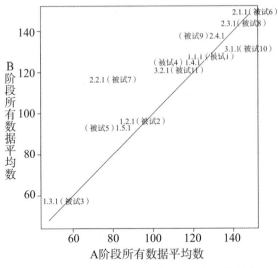

图 12-45　Brinley 附加图 2（平均数）

黑点（110.36，62.08）表示每个阶段的总平均数（见图 12-46）。各点与黑点的水平距离表示 A 阶段的一致性。距离越短，则一致性程度越高。

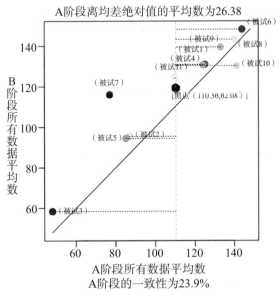

图 12-46　A 阶段的一致性（平均数）

各点与黑点的纵轴距离表示 B 阶段的一致性（见图 12-47）。距离越短，则一致性程度越高。

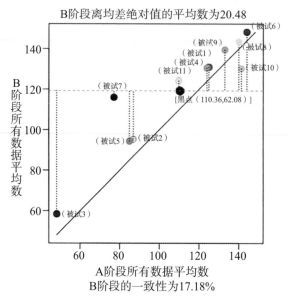

图 12-47　B 阶段的一致性（平均数）

各点与黑点的欧氏距离的平均数表示一致性（见图 12-48），这个值越小，则越一致。

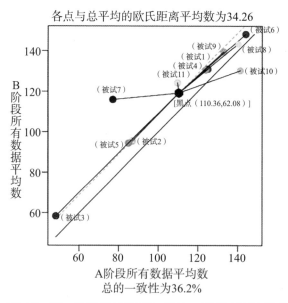

图 12-48　平均欧氏距离：总的一致性（平均数）

　　如果都靠近虚线，各点与虚线的纵轴距离越小，则阶段差异的绝对偏差越小，说明具有比较高的一致性（见图 12-49）。对于被试 7 和被试 10，B-A 阶段差异的绝对偏差比较大，分别为 30.15 和 19.85。虚线和实线之间，在纵轴上的距离为 8.85，也就是 B-A 阶段差异的平均数。

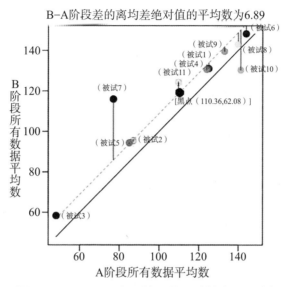

图 12-49　B-A 阶段差异的一致性（平均数）

最后报告了一致性分析的量化结果（见图 12-50）。

```
         A mean AbsDev(A mean) B mean AbsDev(B mean) B-A diff AbsDev(B-A diff)
1:1  125.00      14.64 131.00      11.79      6.00           2.85
2:1   87.00      23.36  95.40      23.81      8.40           0.45
3:1   48.00      62.36  58.40      60.81     10.40           1.55
4:1  124.00      13.64 130.60      11.39      6.60           2.25
5:1   85.00      25.36  94.40      24.81      9.40           0.55
6:1  144.00      33.64 148.25      29.04      4.25           4.60
7:1   77.00      33.36 116.00       3.21     39.00          30.15
8:1  140.00      29.64 143.25      24.04      3.25           5.60
9:1  133.00      22.64 139.50      20.29      6.50           2.35
10:1 141.25      30.89 130.25      11.04    -11.00          19.85
11:1 109.75       0.61 124.25       5.04     14.50           5.65
MEAN 110.36      26.38 119.21      20.48      8.85           6.89


Overall A mean =  110.36
Overall B mean =  119.21
Overall B-A difference =  8.85

Mean Absolute deviation from the A mean =  26.38
Mean Absolute Percent deviations from the A mean =  23.9

Mean Absolute deviation from the B mean =  20.48
Mean Absolute Percent deviations from the B mean =  17.18

Mean Absolute deviation from the overall B-A difference =  6.89
Mean Absolute Percent deviations from the overall B-A difference =  77.94

Mean Euclidean Distance from the overall B-A difference =  34.26
Relative MED from the overall B-A difference =  36.2
```

图 12-50　一致性分析的量化结果（平均数）

2.3 相似阶段的一致性分析（测量数据）

前面所谈及的一致性主要指向测量数据的特征，如平均数、体现即时改变的平均数、标准差和趋势等，考察这些特征是否一致、是否相似。接下来分析的一致性主要指向测量数据，考察相似阶段的数据模式或者被试之间的数据差异。

2.3.1 被试 W 阅读干预的一致性分析（对相似阶段进行比较）

对于被试 W 阅读干预的数据，相似阶段的一致性分析主要是进行阶段比较。单一被试设计类型是 ABA 设计（撤回设计），基线期和维持期是相似阶段，可以分析两者的一致性。这里运用马诺洛夫的网页应用程序进行分析。

【data】studyawcondap.txt

数据样例见图 12-51。

Time 表示测量次数。

Phase 表示阶段。

PairAB 表示第几个 AB 比较，基线期和干预期的值为 1，维持期的值为 2。

Score 表示阅读分数。

	Time	Phase	PairAB	Score
1	1	A	1	40
2	2	A	1	40
3	3	A	1	40
4	4	A	1	40
5	5	A	1	30
6	6	A	1	30
7	7	B	1	40
8	8	B	1	50
9	9	B	1	50
10	10	B	1	60
11	11	B	1	60
12	12	B	1	70
13	13	B	1	80
14	14	B	1	70
15	15	B	1	80
16	16	B	1	90
17	17	B	1	90
18	18	B	1	90
19	19	A	2	80
20	20	A	2	80
21	21	A	2	90
22	22	A	2	80
23	23	A	2	80
24	24	A	2	80

图 12-51　studyawcondap.txt 数据样例

在图 12-9 中，单一被试设计的类型包括 "MBD or Reversal"（即多基线设计或倒返设计）。本例是撤回设计，一致性分析的原理类似于倒返设计，所以选择倒返设计。马诺洛夫网页应用程序可以生成单一被试图（见图 12-52）。

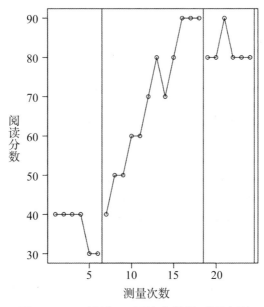

图 12-52　被试 W 阅读分数的时间序列

CONDAP（consistency of data patterns in similar phases）是一致性的量化指标，以标准差为单位的两个阶段各点之间的距离（Tanious et al., 2020）。数值越小，说明一致性程度越高。表 12-1 列出了 CONDAP 的评价标准。通过计算，得出 A 阶段的 CONDAP 为 9.67，大于 2，表明一致性程度非常低（见图 12-53）。本例为 ABA 设计，B 阶段只出现 1 次，所以无法算出一致性分数。

表 12-1　CONDAP 的评价标准

取值范围	程度
$0 \leqslant CONDAP \leqslant 0.5$	非常高
$0.5 < CONDAP \leqslant 1$	高
$1 < CONDAP \leqslant 1.5$	中等
$1.5 < CONDAP \leqslant 2$	低
$CONDAP > 2$	非常低

```
========================
FOR THE PHASE A DATA
     [,1] [,2]
[1,]    0 9.67
[2,]      0.00
Average CONDAP for the A phases =  9.67
========================
FOR THE PHASE B DATA
     [,1] [,2]
[1,]    0  NaN
[2,]        0
Average CONDAP for the B phases =  0
```

图 12-53　CONDAP 矩阵

在图 12-54 中，A 阶段的比较就是考察从 A1（基线期）到 A2（维持期）的变化。图中的"·"表示基线期，"×"表示维持期。从基线期到维持期，测量次数相对应的阅读分数都提高了。其中，测量次数第 3 次、第 5 次和第 6 次的变化量大于测量次数第 1 次、第 2 次和第 4 次。

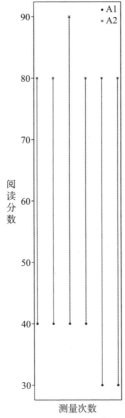

图 12-54　A 阶段的比较

2.3.2　被试 W 和被试 T 阅读干预的一致性分析（对被试进行比较）

对被试 W 和被试 T 阅读干预的数据进行相似阶段的一致性分析，主要对被试 W 和被试 T 进行比较。单一被试设计类型实际上是重复的撤回设计，在马诺洛夫网页应用程序中可以选择多基线设计，然后进行一致性分析。

【data】studyawtcondap.txt　（文本文件制表符分割）

数据样例见图 12-55。

	Tier	Time	Phase	Score
1	1	1	A	40
2	1	2	A	40
3	1	3	A	40
4	1	4	A	40
5	1	5	A	30
6	1	6	A	30
7	1	7	B	40
8	1	8	B	50
9	1	9	B	50
10	1	10	B	60
11	1	11	B	60
12	1	12	B	70
13	1	13	B	80
14	1	14	B	70
15	1	15	B	80
16	1	16	B	90
17	1	17	B	90
18	1	18	B	90
19	1	19	A	80
20	1	20	A	80
21	1	21	A	90
22	1	22	A	80
23	1	23	A	80
24	1	24	A	80
25	2	1	A	20
26	2	2	A	10
27	2	3	A	10
28	2	4	A	10
29	2	5	A	10
30	2	6	A	10

图 12-55　studyawtcondap.txt 数据样例

Tier 表示被试 1 到 2。

Time 表示测量次数。

Phase 表示阶段。这里的阶段必须用 A、B 和 A 表示，不能用 0 和 1 表示，也不能用 A1 和 A2 表示。

Score 表示阅读分数。

在图 12-9 中，单一被试设计的类型包括 "MBD or Reversal"（即多基线设计或倒返设计）。本例是重复的撤回设计，一致性分析的原理类似于多基线设计，所以选择多基线设计。

马诺洛夫网页应用程序可以生成 2 名被试的单一被试图（见图 12-56）。

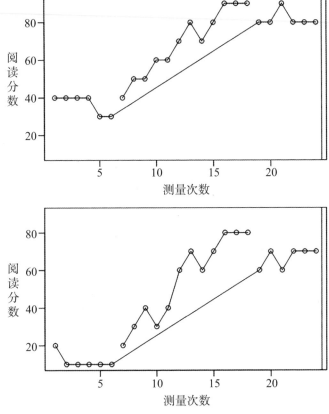

图 12-56　被试 W 和被试 T 阅读分数的时间序列

计算 A 阶段的平均 CONDAP，为 0.75；B 阶段的平均 CONDAP 为 0.72（见图 12-57）。两个阶段 CONDAP 介于 0.5 和 1 之间，说明一致性处于高水平。

```
========================
FOR THE PHASE A DATA
    [,1] [,2]
[1,]   0 0.75
[2,]      0.00
Average CONDAP for the A phases - 0.75
========================
FOR THE PHASE B DATA
    [,1] [,2]
[1,]   0 0.72
[2,]      0.00
Average CONDAP for the B phases = 0.72
```

图 12-57 CONDAP 矩阵

在图 12-58 中，A 阶段的比较分析了 2 名被试在 A 阶段（基线期和维持期）阅读分数的不同。而前面对于被试 W 的数据分析，比较了基线期和维持期的不同。图中的"·"表示被试 W，"×"表示被试 T。从图中可以看出，被试 W 高于被试 T。在维持期第 3 次测量时，两者的差异最大。

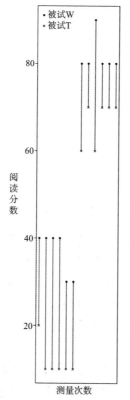

图 12-58 被试 W 和被试 T 在 A 阶段的比较

在图 12-59 中，B 阶段的比较分析了两名被试在 B 阶段（干预期）阅读分数的不同。"·" 表示被试 W，"×" 表示被试 T。从图 12-59 可以看出，被试 W 高于被试 T，随着时间变化的差异程度基本相似。只是在干预期第 4 次测量时，两者的差异最大。

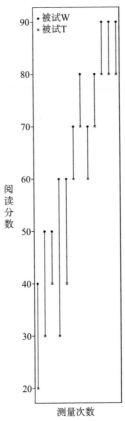

图 12-59　被试 W 和被试 T 在 B 阶段的比较

2.4　随机区组交替设计的一致性分析

交替处理设计对单一目标行为交替实施几种不同的干预处理，考察不同处理的效果。如果设计不是完全随机的，而是增加了区组随机，可以称之为随机区组交替设计（alternation designs with block randomization），也就是在同一个区组内实施处理 A 和处理 B 并且顺序随机。结合马诺洛夫网页应用程序的数据文件，马诺洛夫网页应用程序的数据样例中有 7 个区组，都实施了处理 A 和处理 B（见表 12-2）。

群体实验中的随机区组设计，将被试作为区组。不同的是，单一被试设计将测量次数作为区组（Manolov, Tanious, De, & Onghena, 2021）。

运用马诺洛夫的网页应用程序对随机区组交替设计进行一致性分析。

【data】consistATD.txt

数据样例见图 12-60。

```
     Tier Id Time Score Phase
1      1  1    1 22.11     1
2      1  1    2 16.96     0
3      1  2    3 49.48     1
4      1  2    4 37.19     0
5      1  3    5  4.77     0
6      1  3    6 60.67     1
7      1  4    7 37.99     0
8      1  4    8 41.94     1
9      1  5    9 16.66     1
10     1  5   10 23.21     0
11     1  6   11 40.79     0
12     1  6   12 46.68     1
13     1  7   13 66.21     1
14     1  7   14 51.33     0
```

图 12-60　consistATD.txt 数据样例

表 12-2　随机区组交替设计数据

区组	处理 A	处理 B
1	16.96	22.11
2	37.19	49.48
3	4.77	60.67
4	37.99	41.94
5	23.21	16.66

（续表）

区组	处理 A	处理 B
6	40.79	46.68
7	51.33	66.21

2.4.1 时间序列线形图

处理 A 和处理 B 是否具有相同的测量次数，也就是两者对应的横坐标是否相同，使用者可以作出选择。这两种选择的区别只在于绘制的图形不同，而分析的结果是完全相同的。交替处理设计时间序列线形图见图 12-61 和图 12-62。

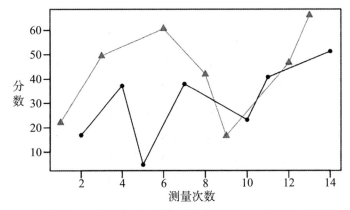

图 12-61　交替处理设计时间序列线形图（处理 A 和处理 B 的横坐标不同）

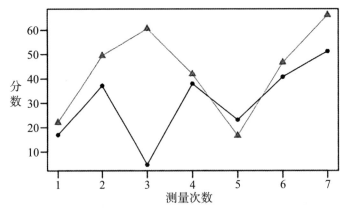

图 12-62　交替处理设计时间序列线形图（处理 A 和处理 B 的横坐标相同）

2.4.2 AB 比较图

在图 12-63 中，黑色的虚线是各个区组的 AB 连线，共 7 条。蓝色的实线是处理 A 和处理 B 平均数的连线，也是总的拟合回归线，Y=30.32+13.07*X。黑色的实线是 Y 的平均数（36.86）对应的平行线。

从图 12-64 来看，处理 B 的值高于处理 A。

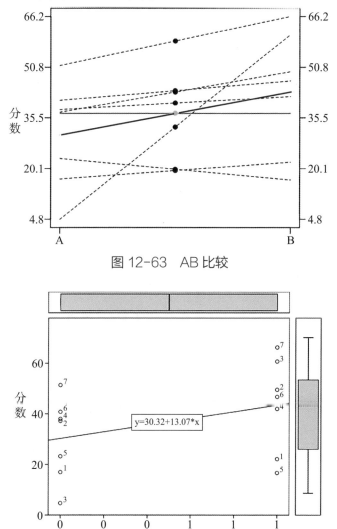

图 12-63 AB 比较

图 12-64 回归线图（SPSS 绘制）

2.4.3 AB 差异

对每个区组，计算处理 A 和处理 B 之间的差异，绘制图形（见图 12-65）。通常都是处理 B 高于处理 A。只有第 5 区组，也就是测量次数 5，其结果是相反的。其中第 3 个区组的 AB 差异最大。黑色的实线表示 AB 差异的平均值。大多数点都靠近黑色的实线，说明一致性程度比较高。

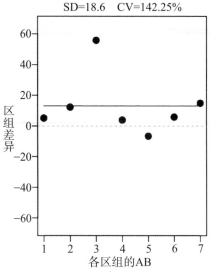

图 12-65　各个区组的 AB 差异

2.4.4　平方和图

方差分析中平方和分解是指处理效应、区组效应和交互作用 / 残差效应对应的平方和。从图 12-66 可以发现，残差平方和在总的平方和中占 29%。需要注意的是，本示例中只有残差效应，没有交互作用。

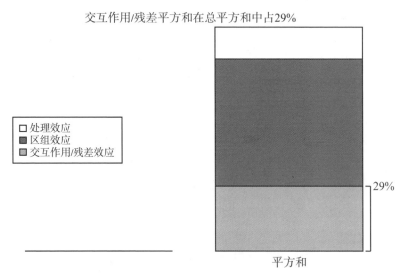

图 12-66　平方和分解图

2.4.5　一致性分析的量化结果

一致性分析的量化结果其实就是方差分析的结果（见图 12-67）。处理效应和区组效应都不显著。区组的 η^2 为 0.57，也就是区组平方和在总平方和中所占的比例（57%）。残差变异在总变异中占 29%。

跨区组的平均水平一致性为 43.33%，也就是 1 减去区组平方和在总平方和中所占的比例（$1-\eta^2=1-0.5667=0.4333$）。实际应用时，不期待跨区组的平均水平一致性处于高水平，因为一般在干预刚开始时因变量低，而在干预后期因变量高。跨区组的平均水平一致性将每个区组的平均数与总平均数进行比较。

跨区组的效应一致性为 71%，也就是 1 减去残差平方和在总平方和中所占的比例（$1-0.29=0.71$），体现了干预的作用。跨区组的效应一致性考察每个区组的差异与两个处理的平均差异是否相似。

```
Consistency Quantifications


            Df Sum Sq Mean Sq F value Pr(>F)
TREATMENT    1  598.1   598.1   2.965  0.136
BLOCK        6 2365.3   394.2   1.954  0.218
Residuals    6 1210.3   201.7


===========================================
PROPORTION OF VARIABILITY (0 to 1 scale)
Eta-squared for Blocks = 0.57
Error/Interaction variability = 0.29
===========================================
CONSISTENCY (0 to 100 scale)
Consistency of the Average Level across Blocks = 43.33 %
Consistency of Effects across Blocks = 71 %
```

图 12-67　一致性分析的量化结果

3.　平均阶段之差与标准化的平均数之差

单一被试设计数据分析的核心是考察干预效果。前面介绍了很多效应量，也就是干预效果的量化指标。另外还有一些效应量，这里主要介绍两种，即平均阶段之差和标准化的平均数之差。

3.1　平均阶段之差 MPD

平均阶段之差（mean phase difference，简称 MPD）是体现阶段改变的效应量。MPD 的计算步骤如下。

第一步：对基线期的数据进行一阶差分计算，去除自相关的影响。当间距相等时，用一个数减去它前面的数所得的差值，就是一阶差分。

第二步：用差值建立回归方程。基线期的差值平均数就是回归方程的斜率。截距的计算方法有两种：第一种是 2013 年提出的算法，截距等于基线期的第一个分数值；第二种是 2015 年提出的算法，截距等于基线期分数的中位数。

第三步：根据回归方程计算干预期的预测值，然后求出预测值与干预期真实值之间离差的平均数。

2013 年算法计算的平均阶段之差，通常用 MPD1 表示 (Manolov & Solanas, 2013)。2015 年算法计算的，用 MPD2 表示 (Manolov & Rochat, 2015)。后来还提出了其他 6 种算法，最后一种表示为 MPD8。

运用马诺洛夫的网页应用程序，以阅读干预项目为例，计算被试 W 基线期和干预期数据平均阶段之差。

【data】studycw.txt

运用 2013 年的算法，得出 MPD1=52.17（见图 12-68）。

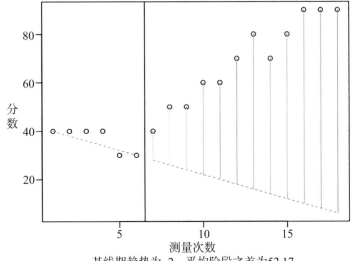

基线期趋势为-2，平均阶段之差为52.17

图 12-68　MPD1 的计算结果

运用 2015 年算法，得出 MPD2=47.17（见图 12-69）。

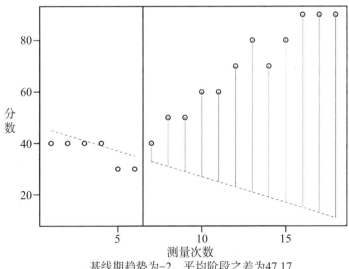

基线期趋势为-2，平均阶段之差为47.17

图 12-69　MPD2 的计算结果

还可以运用马诺洛夫的另一个网页应用程序（这里的网址与前面不同）计算 MPD1 和 MPD2，结果与前面完全相同（见图 12-70 和图 12-71）。

【data】studycw.txt

分割符选择 "Tab"。

干预目标是增加，选择 "increase"。

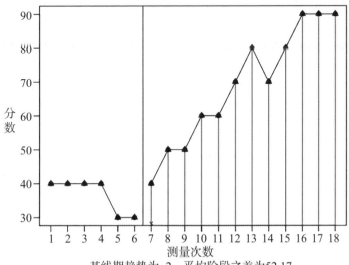

基线期趋势为-2，平均阶段之差为52.17

图 12-70　MPD1 的计算结果

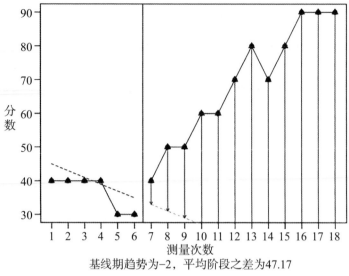

基线期趋势为-2，平均阶段之差为47.17

图 12-71　MPD2 的计算结果

3.2　标准化的平均数之差 SMD

平均阶段之差 MPD 和标准化的平均数之差（standardized mean difference，简称 SMD）都可以表示干预效果。但是 MPD 没有标准化，不利于不同研究之间的比较。SMD 是标准化的结果，可以进行比较。MPD 主要借助回归分析计算阶段之间的差异，而 SMD 主要依据平均数展示阶段之间的差异。

3.2.1　马诺洛夫的网页应用程序操作

【data】studycw.txt

马诺洛夫的网页应用程序可以计算标准化的平均数之差 SMD（见图 12-72）。汇总的 SMD 与第 3 章的计算结果（Hedges' g=2.22）一致。这里的 Cohen's d 等同于 R 程序包 scan 中的 Heges' g，而不是 R 程序包 scan 中的 Cohen' s d。由此可见，不同的计算工具虽然使用了同一术语，表达的意思却不同。

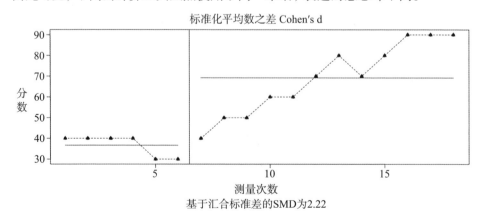

基于汇合标准差的SMD为2.22

图 12-72　基于汇合标准差的 SMD 的计算结果

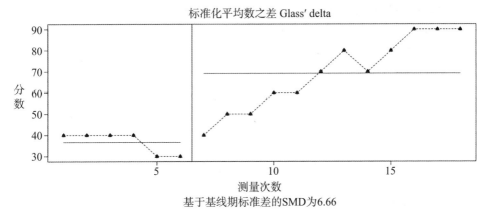

标准化平均数之差 Glass′ delta

基于基线期标准差的SMD为6.66

图 12-73　基于基线期标准差的 SMD 的计算结果

图 12-73 这里有错误。基于基线期标准差的 SMD=（69.17-36.67）/4.88=6.66，这是不正确的。SD=4.714，不是 4.88。计算标准差（4.714）时，分母为 n。如果运用这个标准差，可以算出基于基线期标准差的 SMD=（69.17-36.67）/4.714=6.89，这才是正确的计算结果。

在第 3 章，运用 R 程序包 scan 计算了效应量 SMD，即 Glass' delta=6.29。计算 Glass' delta 时，两个阶段的平均数之差（69.17-36.67）除以基线期的标准差（5.16）。计算标准差（5.16）时，分母为 n-1。

3.2.2　普斯特约夫斯基的网页应用程序操作

普斯特约夫斯基（Pustejovsky）等人研发的网页应用程序也可以计算 SMD，并且对 SMD 进行了校正（Pustejovsky, Chen, Grekov, & Swan, 2023）。图 12-74 是该网页应用程序的数据输入界面。

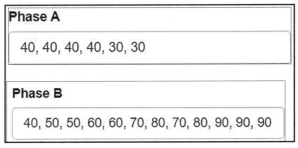

图 12-74　数据输入

根据基线期标准差计算，得出的 SMD=5.30，就是用 6.29 乘以小样本偏差校正系数 1-3/(4m-5)。其中 m 表示基线期的数据点数，n 表示干预期的数据点数。运行网页应用程序可以计算 SMD，结果如下。

Effect size estimate: 5.30

Standard error: 1.67

95% CI: [2.04, 8.56]

Baseline SD: 5.16

根据汇合标准差计算，得出 SMD=2.12，就是用 2.22 乘以小样本偏差校正系数 1-3/ [4(m+n)-9]。其中 m 表示基线期的数据点数，n 表示干预期的数据点数。运行网页应用程序可以计算 SMD，结果如下。

Effect size estimate: 2.12

Standard error: 0.59

95% CI: [0.95, 3.28]

Pooled SD: 14.63

3.2.3 Shiny SCDA 网页应用程序操作

运用 Shiny SCDA 网页应用程序计算 SMD，得到的结果与第 3 章 R 程序包 scan 的完全一致。根据基线期标准差计算，得出 SMD=6.293598（见图 12-75）。根据汇合标准差计算，得出 SMD=2.22133（见图 12-76）。

【 data 】studyawab.csv

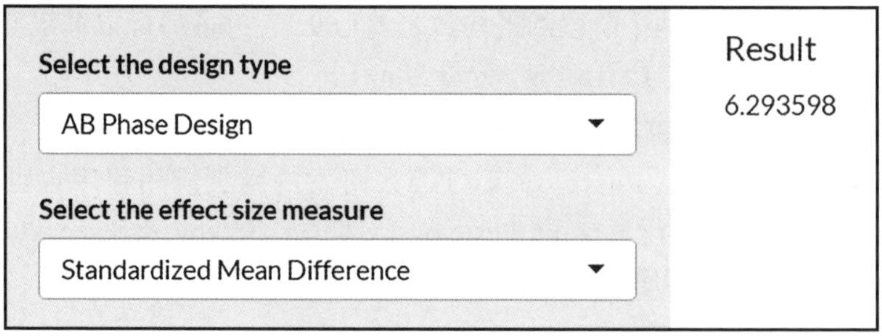

图 12-75　基于基线期标准差的 SMD 的计算结果

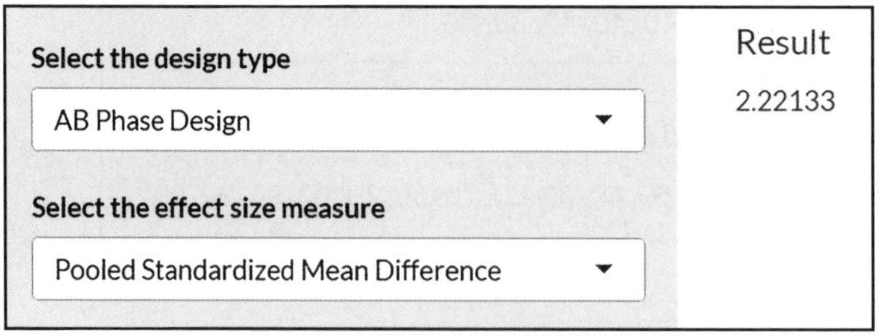

图 12-76　基于汇合标准差的 SMD 的计算结果

效应量 SMD 的计算方法多种多样，分母为基线期的标准差还是汇合的标准差，是否乘以校正系数，这些都需要研究者作出选择。在报告效应量时需要说明具体的计算方法。

4.　交替处理设计的数据分析

交替处理设计的典型特征就是几种干预方法交替实施，每一种干预方法不会连续出现多次（最多出现 2 次）。这一设计的分析方法不同于撤回设计和多基线设计。

马诺洛夫提出了两个新术语，即"连续观测值的平均差异"（ADISO）和"实际值和线性内插值"（ALIV），将它们应用于多种干预方法的比较（Manolov & Onghena, 2018）。通过网页应用程序，可以实现对这两个指标的计算。另外，也可以计算效应量（NAP 和 PND）、平均数之差，还可以运行多种回归分析，以及收集多样化的信息考察不同干预方法的效果。

R 程序包 SCDA 也可以对交替处理设计进行视觉分析、效应量计算和随机化检验等。运用 Shiny SCDA 网页应用程序也可以实现同样的操作。第 7 章介绍了交替处理设计的随机化检验，这里主要探讨效应量的计算和回归分析等。

4.1　马诺洛夫的网页应用程序操作

【data】heyalter2.csv　（Heyvaert & Onghena, 2014）

【data】sep.txt (2,4,6,8,10)

【data】sep2.txt (3,6,10)

	A	B
1	condition	score
2	A	80
3	B	55
4	B	55
5	A	90
6	A	90
7	B	85
8	A	90
9	B	85
10	A	100
11	B	100

图 12-77　heyalter2.csv 数据样例

需要注意的是，数据文件中变量 condition 的第一个记录必须是 A，否则无法计算 ADISO。数据样例见图 12-77。

4.1.1 数据输入

数据输入界面见图 12-78。

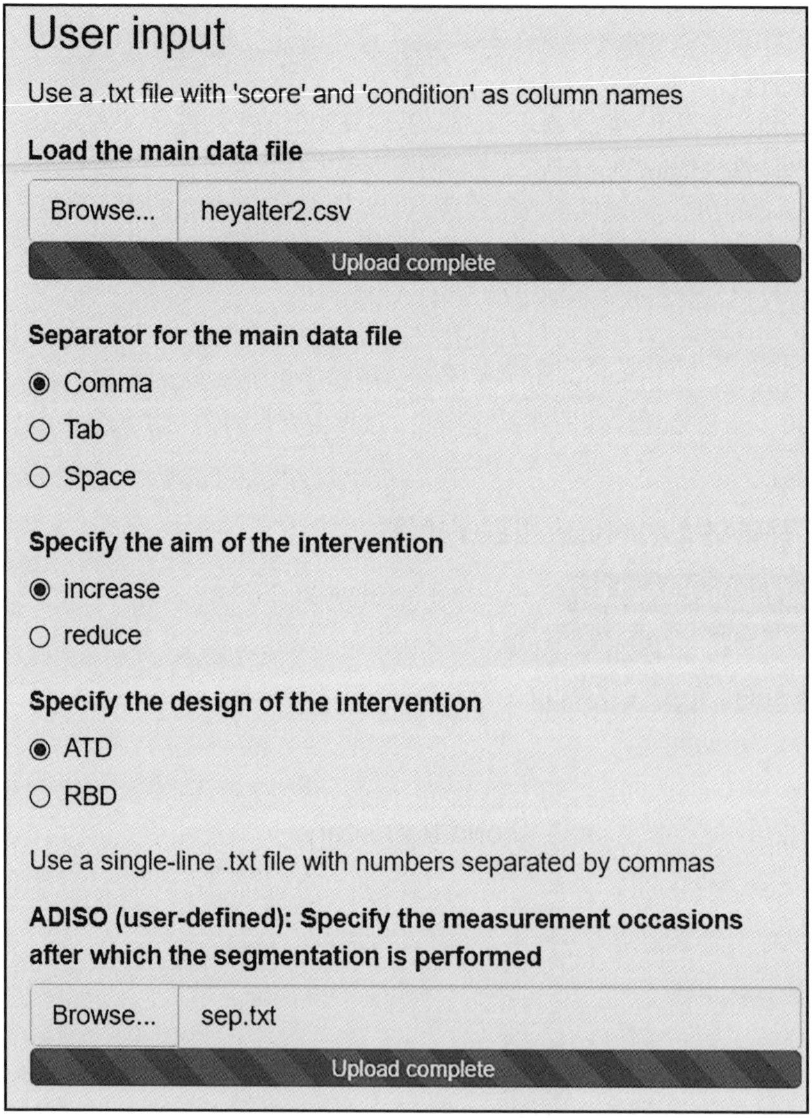

User input

Use a .txt file with 'score' and 'condition' as column names

Load the main data file

Browse...	heyalter2.csv

Upload complete

Separator for the main data file

◉ Comma

○ Tab

○ Space

Specify the aim of the intervention

◉ increase

○ reduce

Specify the design of the intervention

◉ ATD

○ RBD

Use a single-line .txt file with numbers separated by commas

ADISO (user-defined): Specify the measurement occasions after which the segmentation is performed

Browse...	sep.txt

Upload complete

图 12-78　数据输入界面

4.1.2　数据总结

数据总结呈现了两种处理的描述性统计信息，如平均数、中位数和标准差等（见图 12-79）。两种处理的平均数之差为 14。非重叠效应量 NAP 为 0.26，A 阶段的 Tau-U 为 0.70，B 阶段的 Tau-U 为 0.80。

```
Data summary

           Phase A Phase B
Mean         90.00   76.00
Median       90.00   85.00
SD            6.36   18.11
IQR           0.00   30.00
Minimum      80.00   55.00
Maximum     100.00  100.00


Mean difference A-B
14


Nonoverlap of all pairs
NAP =  0.26


Condition A:
Positive monotonic trend: 70 % increase


Condition B:
Positive monotonic trend: 80 % increase
```

图 12-79　数据总结结果界面

通过 R 语言也可以计算 NAP（Manolov, & Onghena, 2018），语句如下。

```
score <- c(80,55,55,90,90,85,90,85,100,100)
condi<- c("A","B","B","A","A","B","A","B","A","B")
aim <- "increase" # Alternatively aim <- "reduce"
control<- score[condi=="A"]
intervention<- score[condi=="B"]
probsup<-function (x1,x2,aim){
```

```
n1 <- sum(!is.na(x1))
n2 <- sum(!is.na(x2))
if (aim=="reduce") mayor<-
sum(unlist(lapply(x1,x2,FUN='>')),na.rm=TRUE)
if (aim=="increase") mayor<-
sum(unlist(lapply(x1,x2,FUN='<')),na.rm=TRUE)
igual<- 0.5*sum(unlist(lapply(x1,x2,FUN='==')),na.rm=TRUE)
prob_sup <- (mayor+igual)/(n1*n2)
cat('NAP= ', prob_sup,'\n')
}
probsup(control,intervention,aim)
NAP= 0.26
```

4.1.3 ADISO

ADISO 的全称是 "average difference between successive observations"，即连续观测值的平均差异（Manolov, & Onghena, 2018）。处理 A 和处理 B，比较两者有很多的分组方式。对于 "ABBAABABAB"，ADISO 默认的分组方式是 "ABB AAB AB AB"，A 与邻近的 B 进行比较，直到出现下一个 A。接下来，又形成一个新的比较。默认的方式将数据分成了 4 组，计算每组的平均数之差。然后将这 4 组的平均数之差进行加权平均。每组的点数则是计算加权平均数的权数。4 组的平均数之差分别为 25、5、5 和 0，权数分别为 3、3、2 和 2。求得 ADISO=25*3/10 + 5*3/10 + 5*2/10 +0=10。

在图 12-80 中，圆点表示处理 A，三角形点表示处理 B。因为干预的目标是提升因变量。在 4 个组合中，三角形点的平均数都低于圆点，所以处理 B 优于处理 A 的百分比为 0。

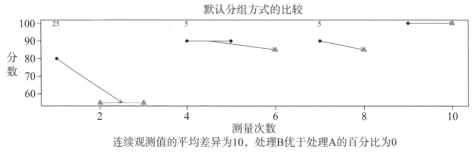

默认分组方式的比较

连续观测值的平均差异为10，处理B优于处理A的百分比为0

图 12-80　默认方式的分组比较

除了默认的分组方式，还可以自定义分组方式。将分组方式用数和逗号的形式保存为文本文件，如 sep.txt，文件内容为：2,4,6,8,10。每个数表示该组最后一个数据的位置。这里就是把 10 个数据分成 5 组，每组有 2 个点。计算平均数之差时用处理 A 的平均数减去处理 B 的平均数。这种分组方式获得的 ADISO 为 14（见图 12-81）。

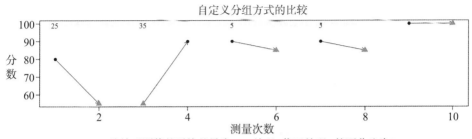

图 12-81　根据 sep.txt 进行分组比较

更换自定义分组方式，如 sep2.txt，文件内容为：3,6,10。将 10 个数据分成 3 组，每个数表示该组最后一个数据的位置。这种分组方式获得的 ADISO 为 10（见图 12-82）。

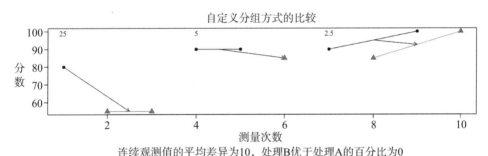

图 12-82　根据 sep2.txt 进行分组比较

4.1.4　ALIV

ALIV 的全称是"actual and linearly interpolated values"，即实际值和线性内插值，用内插法比较处理 A 和处理 B 的结果（Manolov, & Onghena, 2018）。首先寻找两个处理的重叠部分，用蓝色竖线标注。然后根据 8 个实际数据点绘制在另一个处理对应的点，内插了另外 8 个点。再计算实际点和内插点的纵坐标的差（28.33，31.67，……7.5），最后计算这些差值的平均数（15.94）（见图 12-83）。

除了运用网页应用程序得出结果，还可以运行下列语句（Manolov, & Onghena, 2018）。

```
score <- c(80,55,55,90,90,85,90,85,100,100)
condi<- c("A","B","B","A","A","B","A","B","A","B")
```

```r
aim <- "increase" # Alternatively aim <- "reduce"

indep<- 1:length(score)
time_B<- indep[condi=="B"]
score_B<- score[condi=="B"]
time_A<- indep[condi=="A"]
score_A<- score[condi=="A"]
# Create necessary objects
interp.A.temp <- rep(0,length(score))
interp.B.temp <- rep(0,length(score))
interp.A.temp[time_A] <- score[time_A]
interp.B.temp[time_B] <- score[time_B]
# Linear interpolation for condition A
for (i in 1:(length(time_A)-1))
  if (time_A[i] != time_A[i+1] - 1)
  {
    if ((time_A[i] == time_A[i+1] - 2))
      interp.A.temp[time_A[i]+1] <- interp.A.temp[time_A[i]] +
      (interp.A.temp[time_A[i+1]]-interp.A.temp[time_A[i]])/2
    if ((time_A[i] == time_A[i+1] - 3))
      {
        interp.A.temp[time_A[i]+1] <- interp.A.temp[time_A[i]]
+(interp.A.temp[time_A[i+1]]-inter
p.A.temp[time_A[i]])/3;interp.A.temp[time_A[i]+2] <- interp.A.temp[time_A[i]]
        +2*((interp.A.temp[time_A[i+1]]-
        interp.A.temp[time_A[i]])/3)
      }
  }

# Linear interpolation for condition B
for (i in 1:(length(time_B)-1))
  if (time_B[i] != time_B[i+1] - 1)
  {
    if ((time_B[i] == time_B[i+1] - 2))
      interp.B.temp[time_B[i]+1] <- interp.B.temp[time_B[i]] +
```

```
    (interp.B.temp[time_B[i+1]]-interp.B.temp[time_B[i]])/2
     if ((time_B[i] == time_B[i+1] - 3))
     {
        interp.B.temp[time_B[i]+1] <- interp.B.temp[time_B[i]] +
        (interp.B.temp[time_B[i+1]]-
        interp.B.temp[time_B[i]])/3;
        interp.B.temp[time_B[i]+2] <- interp.B.temp[time_B[i]] +
          2*((interp.B.temp[time_B[i+1]]-
        interp.B.temp[time_B[i]])/3)
     }
  }


# Exclude initial and final measurement occasions
start <- max(time_A[1],time_B[1])
end <- min(time_A[length(time_A)],time_B[length(time_B)])
interp.A <- interp.A.temp[start:end]
interp.B <- interp.B.temp[start:end]
# Compare all values for the same measurement occasions
diff.interp <- interp.A-interp.B
print("ALIV Differences"); print(diff.interp)
[1] "ALIV Differences"
[1] 28.33333 31.66667 25.00000 15.00000  5.00000  5.00000 10.00000
7.50000
paste("ALIV Mean difference = ", mean(diff.interp))
[1] "ALIV Mean difference =  15.9375"
```

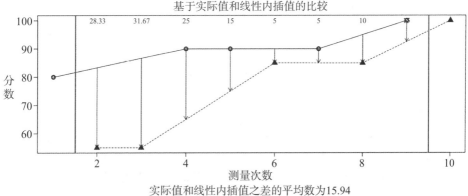

图 12-83　两个处理的内插法比较

点击随机化检验标签，计算以 ALIV 为统计量的 p 值，其结果为 1。

4.1.5 PND

处理 A 和处理 B 依次成对进行比较，共有 5 对。非重叠效应量 PND 的值为 0（见图 12-84），也就是说处理 B 优于处理 A 的百分比为 0。

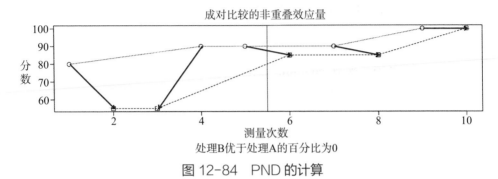

图 12-84 PND 的计算

4.1.6 平均数比较

前面数据总结部分报告了两个处理的平均数之差，但是没有绘制相应的图形。如果想要绘制图形，可以参考下面的语句（Manolov, & Onghena, 2018）。绘制结果见图 12-85。

```
score <- c(80,55,55,90,90,85,90,85,100,100)
condi<- c("A","B","B","A","A","B","A","B","A","B")
paste("Average for control condition = ", round(mean(score[condi=="A"]),2))
[1]"Average for control condition =  90"
paste("Average for intervention condition = ",
round(mean(score[condi=="B"]),2))
[1] "Average for intervention condition =  76"
paste("Difference in means = ", round(mean(score[condi=="A"])-
mean(score[condi=="B"]),2))
[1] "Difference in means =  14"


# Objects needed for the calculations
indep<- 1:length(score)
plot(indep,score, xlim=c(indep[1],indep[length(indep)]),
ylim=c(40,100), xlab="Sessions",
ylab="Score", font.lab=2)
points(indep[condi=="B"], score[condi=="B"], pch=24, bg="black")
points(indep[condi=="A"], score[condi=="A"], bg="black")
```

```
lines(indep[condi=="B"],score[condi=="B"],lty="dashed")
lines(indep[condi=="A"],score[condi=="A"],lty="solid")

titlc(main=" 处理 A 和处理 B 的平均数比较 ")
time_B<- indep[condi=="B"]
time_A<- indep[condi=="A"]
score_A<- score[condi=="A"]
score_B<- score[condi=="B"]
mean_A<- rep(mean(score[condi=="A"]),length(score_A))
mean_B<- rep(mean(score[condi=="B"]),length(score_B))
lines(time_B,mean_B,lty="dashed")
lines(time_A,mean_A,col="blue")
```

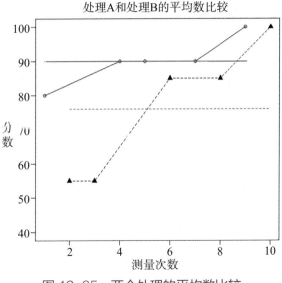

图 12-85　两个处理的平均数比较

4.1.7　回归分析

马诺洛夫的网页应用程序的特色之一就是提供了多样化的回归分析。通过回归分析可以比较处理 A 和处理 B 的结果。具体可以分为线性回归分析、曲线回归分析、分段回归分析和局部回归分析。

线性回归分析就是对两个处理分别建立回归方程，然后计算各个时间点的预测值。处理 A 的预测值减去处理 B 的预测值，共有 5 个差值，然后计算这些差值的平均数，就是 16.4。通过网页应用程序可以获得线性回归分析的图形（见图 12-86）。

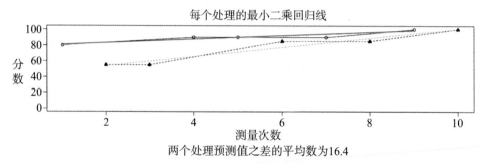

图 12-86　通过线性回归分析比较处理 A 和处理 B

另外，也可以通过 R 语言获取线性回归分析的图形（见图 12-87），语句如下（Manolov & Onghena, 2018）。

```
score <- c(80,55,55,90,90,85,90,85,100,100)
condi<- c("A","B","B","A","A","B","A","B","A","B")

indep<- 1:length(score)
time_B<- indep[condi=="B"]
score_B<- score[condi=="B"]
reg_B<- lm(score_B ~ time_B)
time_A<- indep[condi=="A"]
score_A<- score[condi=="A"]
reg_A<- lm(score_A ~ time_A)
b <- reg_B$coefficients[1] + reg_B$coefficients[2]*indep
a <- reg_A$coefficients[1] + reg_A$coefficients[2]*indep
start<- max(time_A[1],time_B[1])
end<- min(time_A[length(time_A)],time_B[length(time_B)])
d <- a[start:end]-b[start:end]
paste("R-squared for A = ", round(summary(reg_A)$r.squared,2))
[1] "R-squared for A =  0.87"
paste("R-squared for B = ", round(summary(reg_B)$r.squared,2))
[1] "R-squared for B =  0.94"
paste("Average difference between predicted values = ",
round(mean(d),2))
[1] "Average difference between predicted values =  16.4"

indep<- 1:length(score)
plot(indep,score, xlim=c(indep[1],indep[length(indep)]),
```

```
ylim=c(40,100), xlab="Sessions",
ylab="Score", font.lab=2)
points(indep[condi=="B"], score[condi=="B"], pch=24, bg="black")
points(indep[condi=="A"], score[condi=="A"], bg="black")
lines(indep[condi=="B"],score[condi=="B"],lty="dashed")
lines(indep[condi=="A"],score[condi=="A"],lty="solid")
title(main="Data with straight OLS lines per condition")
lines(time_B,reg_B$fitted,lty="dashed")
lines(time_A,reg_A$fitted,col="blue")
```

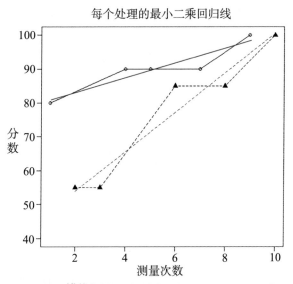

图 12-87　通过线性回归分析比较处理 A 和处理 B（R 语言）

曲线回归分析也可以比较两个处理的结果。预测分数之差的平均数为 15.57（见图 12-88）。

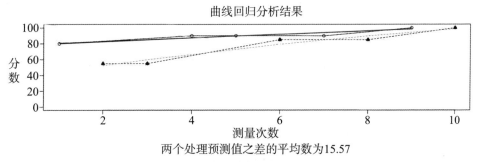

图 12-88　通过曲线回归分析比较处理 A 和处理 B

分段回归分析也可以比较两个处理的结果。最后的预测分数之差为 3.69，趋势之差为 -3.65（见图 12-89）。

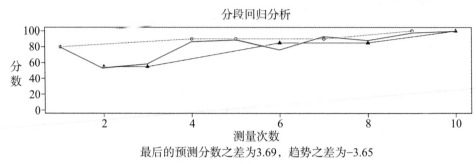

最后的预测分数之差为3.69，趋势之差为-3.65

图 12-89　通过分段回归分析比较处理 A 和处理 B

局部回归分析也可以比较两个处理的结果。预测分数之差的平均数为 16.29（见图 12-90）。

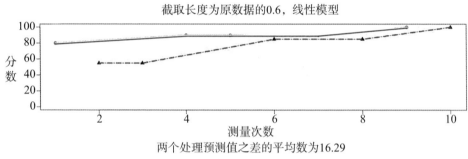

两个处理预测值之差的平均数为16.29

图 12-90　通过局部回归分析比较处理 A 和处理 B

无论是平均数之差还是回归分析，都可以发现处理 A 优于处理 B。

4.2　R 程序包 SCDA 操作

【data】heyalter3.csv　（Heyvaert & Onghena, 2014）
数据样例见图 12-91。

	A	B
1	phase	values
2	A	80
3	B	55
4	B	55
5	A	90
6	A	90
7	B	85
8	A	90
9	B	85
10	A	100
11	B	100

图 12-91　heyalter3.csv 数据样例

4.2.1　数据输入

输入数据的语句如下。

library(Rcmdr)

Dataset <- read.table("C:/Users/xhwan/Documents/ 书稿数据 /heyalter3.csv", header=TRUE, stringsAsFactors=TRUE, sep=",", na.strings="NA", dec=".", strip.white=TRUE)

4.2.2　绘制单一被试图

绘制单一被试图形的语句如下。

graph.CL(design = "ATD", CL = "mean", data = Dataset)

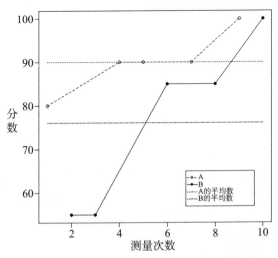

图 12-92　处理 A 和处理 B 的平均数比较

图 12-92 不仅呈现了处理 A 和处理 B 的数据，还呈现了两者的平均数。

4.2.3 效应量计算

运用语句可以计算标准化的平均数之差、汇合的标准化平均数之差、非重叠效应量 PND 和 PEM。语句如下。

ES(design = "ATD", ES = "SMD", data = Dataset)

[1] -1.979899

ES(design = "ATD", ES = "SMDpool", data = Dataset)

[1] -0.928191

ES(design = "ATD", ES = "PND+", data = Dataset)

[1] 0

ES(design = "ATD", ES = "PEM+", data = Dataset)

[1] 20

运用 Shiny SCDA 网页应用程序可以计算非重叠效应量 NAP（见图 12-93）。

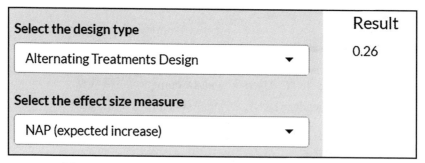

图 12-93　Shiny SCDA 网页应用程序计算的 NAP

Shiny SCDA 的优势在于图形绘制和随机化检验。对于后者，已经在第 7 章进行了详细的论述。

5.　机器学习

机器学习是人工智能的一个分领域，先由人提供数据，然后计算机根据数据进行预测（Molnar, 2019）。以往的操作模式是给计算机提供特定的运行程序，而机器学习强调提供数据，而非特定的程序，仿佛计算机也在学习。

机器学习也被应用于单一被试设计的数据分析（Lanovaz, Giannakakos, & Destras, 2020）。主要有两个用途，一个是作为视觉分析的有益补充，另一个用于移动健康 App，根据结果（干预期是否有改变）为个体提供干预建议。

【data】studycw.txt

40,40,40,40,30,30

40,50,50,60,60,70,80,70,80,90,90,90

进入机器学习网页应用程序，可以按照如下步骤进行操作。

第一步，输入基线期和干预期的数据数量和预期的变化方向（见图 12-94）。

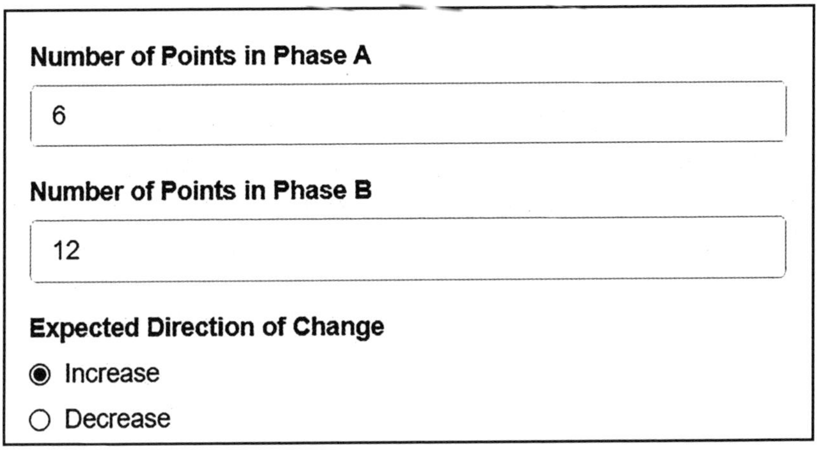

Number of Points in Phase A

> 6

Number of Points in Phase B

> 12

Expected Direction of Change

◉ Increase

○ Decrease

图 12-94　A 阶段和 B 阶段的数据数量和预期的改变方向

第二步，输入具体的数据（见图 12-95）。

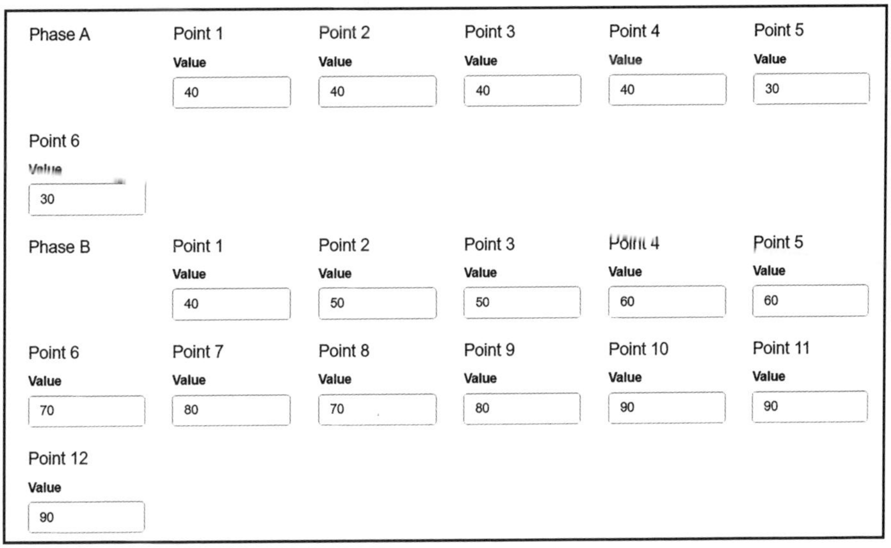

Phase A	Point 1	Point 2	Point 3	Point 4	Point 5
	Value	Value	Value	Value	Value
	40	40	40	40	30

Point 6					
Value					
30					

Phase B	Point 1	Point 2	Point 3	Point 4	Point 5
	Value	Value	Value	Value	Value
	40	50	50	60	60

Point 6	Point 7	Point 8	Point 9	Point 10	Point 11
Value	Value	Value	Value	Value	Value
70	80	70	80	90	90

Point 12					
Value					
90					

图 12-95　数据输入界面

第三步，获得结果（见图 12-96）。从结果来看，与基线期相比，从 95% 的概率上来看，干预期有明显的改变。

```
[1] "Clear change with a probability of 95%"
```

图 12-96　机器学习的运行结果

6. 结语

本书主要介绍了 R 程序包 scan、SCDA 和 SSD for R 的应用，也分析了 MultiSCED 网页应用程序、马诺洛夫网页应用程序、普斯特约夫斯基网页应用程序和 Shiny SCDA 网页应用程序的操作，还有一些数据分析工具本书尚未涉及。随着单一被试研究的深入发展，将会出现更多的数据分析工具，期待会有越来越多的使用者投身于数据分析研究。

参考文献

Auerbach C. , Zeitlin W. (2023). SSDforR: Functions to Analyze Single System Data. R package version 1.5.29.

Aydin, O. (2023). Rise of single-case experimental designs: A historical overview of the necessity of single-case methodology, Neuropsychological Rehabilitation.

Baek E. , Luo W., and Lam K. H.(2023). Meta-Analysis of Single-Case Experimental Design using Multilevel Modeling. Behavior Modification, 1, 1-28.

Brossart, D. F., Laird, V. C., & Armstrong, T. W. (2018). Interpreting Kendall's Tau and Tau-U for single-case experimental designs. Cogent Psychology, 5(1), 1–26.

Brossart, D. F., Vannest, K. J., Davis, J. M., & Patience, M. A. (2014). Incorporating nonoverlap indices with visual analysis for quantifying intervention effectiveness in single case experimental designs. Neuropsychological Rehabilitation,24(3-4),464-491.

Bulté, I., & Onghena, P. (2008). An r package for single-case randomization tests. Behavior Research Methods, 40(2), 467–478.

Bulté, I., & Onghena, P. (2009). Randomization tests for multiple baseline designs: An extension of the SCRT-R package. Behavior Research Methods, 41, 477−485.

Bulté, I., & Onghena, P. (2013). The Single-Case Data Analysis package: Analysing single-case experiments with R software. Journal of Modern Applied Statistical Methods, 12, 450−478.

Bulté, I., & Onghena, P. (2019). RcmdrPlugin.SCDA: Rcmdr Plugin for Designing and Analyzing Single-Case Experiments. R package version 1.2.0.

Chen, L.-T., Peng, C.-Y. J., & Chen, M.-E. (2015). Computing tools for implementing standards for single-case designs. Behavior Modification, 39(6), 835–869.

Cohen, L. L., Feinstein, A. B., Masuda, A., & Vowles, K. E. (2014). Single-Case Research Design in Pediatric Psychology: Considerations Regarding Data Analysis. Journal of Pediatric Psychology, 39(2), 124−137.

De , T. K., Michiels, B., Vlaeyen, J. W. S., & Onghena, P. (2020). Shiny SCDA [Computer software].

Declercq, L., Cools, W., Beretvas, S. N., Moeyaert, M., Ferron, J. M., & Van den Noortgate, W. (2020). MultiSCED: A tool for (meta-)analyzing single-case experimental data with multilevel modeling. Behavior Research Methods, 52, 177−192.

Heyvaert, M., & Onghena, P. (2014). Randomization tests for single-case experiments: state of the art, state of the science, and state of the application. Journal of Contextual Behavioral Science,3,51−64.

Kabacoff R. I.(2022). R in Action: Data Analysis and Graphics with R and Tidyverse. Manning Publications Co.

Kazdin A. E. (2021). Single-case experimental designs: Characteristics, changes, and challenges. Journal of the Experimental Analysis of Behavior, 115(1): 56−85.

Lanovaz, M. J., Giannakakos, A. R., and Destras, O. (2020). Machine learning to analyze single-case data: A proof of concept. Perspectives on Behavior Science.

Manolov, R., & Onghena, P. (2018). Analyzing data from single-case alternating treatments designs. Psychological Methods, 23(3), 480−504.

Manolov, R., & Rochat, L. (2015). Further developments in summarising and meta-analysing single-case data: An illustration with neurobehavioural interventions in acquired brain injury. Neuropsychological Rehabilitation, 25, 637−662.

Manolov, R., & Solanas, A. (2013). A comparison of mean phase difference and generalized least squares for analyzing single-case data. Journal of School Psychology, 51(2), 201−215.

Manolov R., Tanious R., De T. K., & Onghena P.(2021). Assessing Consistency in Single-Case Alternation Designs. Behavior Modification, 45(6), 929−961.

Marso, D., & Shadish, W. R. (2015, March 7). Software for meta-analysis of single-case design: DHPS macro.

Molnar C.(2019). Interpretable Machine Learning. A Guide for Making Black Box Models Explainable. Leanpub.

Normand, M. P. (2016). Less is more: Psychologists can learn more by studying fewer people. Frontiers in Psychology, 7, e934.

Parker, R. I., & Vannest, K. J. (2009). An improved effect size for single-case research: Nonoverlap of all pairs. Behavior Therapy, 40(4), 357–67.

Parker, R. I., Vannest, K. J., & Brown, L. (2009). The improvement rate difference for single-case research. Exceptional Children, 75(2), 135–150.

Parker, R. I., Vannest, K. J., Davis, J. L., & Sauber, S. B. (2011). Combining Nonoverlap and Trend for Single-Case Research: Tau-U. Behavior Therapy, 42, 284–299.

Pustejovsky, J. E, Chen, M., Grekov, P., & Swan, D. M. (2023). Single-case effect size calculator (Version 0.7.1).

Pustejovsky, J. E., Chen, M., & Hamilton, B. (2021). scdhlm:A web-based calculator for between-case standardized mean differences (Version 0.5.2).

Pustejovsky, J. E., Chen, M., & Swan, D. M. (2021). Single-case effect size calculator (Version 0.5.2).

Rvachew, S., & Matthews, T. (2017). Demonstrating treatment efficacy using the single subject randomization design: A tutorial and demonstration. Journal of Communication Disorders.67, 1–13.

Schauberger, P., &Walker, A. (2022). openxlsx: Read, Write and Edit xlsx Files. R package version 4.2.5.1.

Scruggs, T. E., & Mastropieri, M. A. (2013). PND at 25: Past, present, and future trends in summarizing single-subject research. Remedial and Special Education, 34, 9–19.

Scruggs, T. E., Mastropieri, M. A., & Casto, G. (1987). The quantitative synthesis of single-subject research: Methodology and validation. Remedial and Special Education, 8(2), 24–33.

Shadish W R . (2014), Statistical Analyses of Single-Case Designs: The Shape of Things to Come. Current Directions in Psychological Science, 23(2), 139–146.

Tanious, R., De, T. K., Michiels, B., Van den Noortgate, W., & Onghena, P. (2020). Assessing consistency in single-case A-B-A-B phase designs. Behavior Modification, 44(4), 518–551.

Tarlow, K. R. (2016). Baseline Corrected Tau Calculator.

Tarlow, K. R. (2017a). An improved rank correlation effect size statistic for single-case designs: Baseline Corrected Tau. Behavior Modification, 41(4), 427–467.

Tarlow, K. R. (2017b, June). Baseline Corrected Tau for single-case research

(R code).

Vannest, K. J., & Ninci, J. (2015). Evaluating Intervention Effects in Single-Case Research Designs. Journal of Counseling and Development, 93(4), 403−411.

Vannest, K. J., Parker, R.I., Gonen, O., & Adiguzel, T. (2016). Single Case Research: web based calculators for SCR analysis. (Version 2.0).

Wilbert, J. (2023). scplot - Single-Case Data Plots. (0.3) [English]. CRAN.

Wilbert, J. & Lüke, T. (2023). Scan: Single-Case Data Analyses for Single and Multiple Baseline Designs. (0.56) [English]. CRAN.

Wolery, M., Busick, M., Reichow, B., & Barton, E. E. (2010). Comparison of Overlap Methods for Quantitatively Synthesizing Single-Subject Data. Journal of Special Education, 44(1), 18−28.

Wolfe, K., Dickenson, T. S., Miller, B. M., & McGrath, K. E. (2019). Comparing Visual and Statistical Analysis of Multiple Baseline Design Graphs. Behavior Modification, 43(3), 361−388.

Yucesoy-Ozkan, S., Rakap, S., & Gulboy, E. (2020). Evaluation of treatment effect estimates in single-case experimental research: comparison of twelve overlap methods and visual analysis. British Journal of Special Education, 47(1), 67−87.

王斌会 . 数据统计分析及 R 语言编程［M］. 广州：暨南大学出版社, 2014.

王佳慧 . 图形组织者策略提升自闭症儿童阅读理解能力的干预研究［D］. 上海：华东师范大学, 2022.

王小慧 . 中等职业教育情境中自闭谱系障碍青少年社交技能干预研究［R］. 上海哲社教育学一般项目结题报告, 2022.

魏寿洪 . 自闭症谱系障碍儿童社会技能的评估与干预［M］. 北京：科学出版社, 2017.

后 记

　　单一被试设计数据分析的核心是论证干预效果。视觉分析和统计分析都可以为干预效果提供证据。当前的干预研究比较多地依赖视觉分析，有必要进一步加大对统计分析的介绍和推广。在教育研究中，需要综合考虑研究目的、设计类型和数据等因素，然后选择合适的统计分析方法。

　　单一被试研究处于持续的发展过程之中。从效应量指标来看，出现了一些新的效应量计算方法，如距离比率[①]。从设计类型来看，出现了一些组合型的设计或嵌套式的设计，如倒返设计嵌套于多基线设计，交替处理设计嵌套于跨被试的多基线设计，等等[②③]。从数据分析方法来看，出现了多种方法的组合，如第11章提到多水平分析和元分析的组合，现在也有研究者开始关注单一被试设计的中介效应分析[④]，将中介变量融入单一被试设计。这些组合如同拼搭积木，可以产生神奇的效果。

　　单一被试设计的数据分析是我的研究兴趣所在。R语言拥有丰富的程序包与强大的统计功能，单一被试设计充满数据之美，"少即多"（less is more）描绘了它的简约之美：数据量不多，却蕴含了大量的信息。希望通过分享我的研究兴趣，能够让更多读者体会到它的乐趣。最后，希望本书能

---

① Carlin, M. T., & Costello, M. S. (2018). Development of a Distance-Based Effect Size Metric for Single-Case Research: Ratio of Distances. Behavior Therapy, 49, 981−994.

② Moeyaert, M., Akhmedjanova, D., Ferron, J., Beretvas, S. N., Van den Noortgate, W. (2020). Effect size estimation for combined single-case experimental designs. Evidence-Based Communication Assessment and Intervention, Vol. 14, Nos. 1−2, 28−51.

③ Tanious R., & Manolov, R. (2022). A practitioner's guide to conducting and analysing embedded randomized single-case experimental designs, Neuropsychological Rehabilitatio.

④ Maric, M., & Kok, S. I.(2023). How did the Treatment Work for Robin? And for Dylan? Studying Individual Youth Treatment Mediators Using Single-Case Experimental Designs. Clin Child Fam Psychol Rev.

够有效提升读者的数据分析能力。建议读者先参照本书的实例进行操作学习，然后将 R 程序包和单一被试设计的数据分析应用于自己的研究之中。

接近尾声，不由得想起撰写本书的缘起。我的研究生王佳慧完成硕士学位论文时，运用单一被试设计对自闭症儿童的阅读干预进行了研究。在和她一起探讨数据分析的过程中，我萌生了撰写单一被试设计专著的想法。2019 年，有幸获批上海市教育科学研究的"哲社教育学一般项目"，并开展了中等职业教育情境中自闭谱系障碍青少年社交技能干预研究。这两项教育研究成为本书的重要数据来源，为我深入研究自己感兴趣的内容，并最终落诸笔端提供了宝贵的机会。

有人说，后记是一个特殊的"场域"，可以表达作者的真情实感。借此机会，感谢华东师范大学教育学部和特殊教育学系为本书的撰写提供了项目支持和研究保障。感谢我的导师金瑜教授，她关心我的学术成长，指引我的专业发展。同时，感谢我的研究生们为本书提供了研究数据，并在讨论数据分析时给了我启发与灵感。

感谢上海教育出版社的李京哲编辑，在选题策划以及书稿修改、完善、编辑加工过程中的辛勤付出和专业帮助。

感谢家人的无条件支持。

最后，感谢广大读者的关注。

本书对现有的方法进行了总结和分享，相信未来会不断涌现新的数据分析方法和工具。随着单一被试设计、统计方法和 R 语言等的发展，分析工具的功能会更加齐全，操作会更加便捷。教育研究者、心理学工作者、医学工作者和社会工作者等可以运用 R 语言对干预数据进行更深层次的挖掘，以专业理论为指引，以数据分析为手段，奔赴单一被试设计的探寻之旅！

王小慧

2023 年 10 月 29 日

于华东师范大学丽娃河畔

图书在版编目（CIP）数据

教育研究中单一被试设计的R语言数据分析 / 王小慧著. — 上海：上海教育出版社，2023.11
ISBN 978-7-5720-2374-3

Ⅰ.①教… Ⅱ.①王… Ⅲ.①特殊教育 - 教育研究
Ⅳ.①G76

中国国家版本馆CIP数据核字(2023)第228965号

策　　划　李京哲
责任编辑　李京哲
装帧设计　赖玟伊

教育研究中单一被试设计的R语言数据分析
Jiaoyu Yanjiu zhong Danyi Beishi Sheji de R Yuyan Shuju Fenxi
王小慧　著

出版发行　上海教育出版社有限公司
官　　网　www.seph.com.cn
地　　址　上海市闵行区号景路159弄C座
邮　　编　201101
印　　刷　上海龙腾印务有限公司
开　　本　700×1000　1/16　印张 18.75　插页 2
字　　数　365 千字
版　　次　2024年4月第1版
印　　次　2024年4月第1次印刷
书　　号　ISBN 978-7-5720-2374-3/G·2106
定　　价　120.00 元

如发现质量问题，读者可向本社调换　电话：021-64373213